教育改革视角下的
体育教学理论与实践研究

李志刚　孙晶晶　著

群言出版社
QUNYAN PRESS

·北京·

图书在版编目（CIP）数据

教育改革视角下的体育教学理论与实践研究 ／ 李志刚，孙晶晶著 ． -- 北京 ： 群言出版社，2023.12
ISBN 978-7-5193-0912-1

Ⅰ．①教… Ⅱ．①李… ②孙… Ⅲ．①体育教学－教学研究－高等学校 Ⅳ．① G807.4

中国国家版本馆 CIP 数据核字（2023）第 254213 号

责任编辑：孙平平
封面设计：知更壹点

出版发行：群言出版社
地 址：北京市东城区东厂胡同北巷1号（100006）
网 址：www.qypublish.com（官网书城）
电子信箱：qunyancbs@126.com
联系电话：010-65267783 65263836
法律顾问：北京法政安邦律师事务所
经 销：全国新华书店

印 刷：三河市腾飞印务有限公司
版 次：2023年12月第1版
印 次：2023年12月第1次印刷
开 本：710mm×1000mm 1/16
印 张：11.5
字 数：230千字
书 号：ISBN 978-7-5193-0912-1
定 价：60.00元

作者简介

李志刚，男，吉林长春人，毕业于东北师范大学，硕士研究生学历。现任职于东北师范大学体育学院，讲师职称，主要研究方向为体育教育训练学。参与多部体育教材编写工作，发表学术论文8篇。

孙晶晶，女，吉林长春人，毕业于东北师范大学，硕士研究生学历。现任职于东北师范大学体育学院，讲师职称，主要研究方向为体育教育训练学。任教以来，参与编写体育教材3部，公开发表学术论文6篇。

前　言

随着社会的不断发展，教育改革已成为各国重要的政治任务之一。体育教育作为影响学生身体素质和健康的重要组成部分，在教育改革中扮演着越来越重要的角色。因此，研究体育教学理论与实践的相关课题就成为当前教育改革中备受关注的焦点之一。教育改革视角下的体育教学理论与实践研究，旨在探究如何通过体育教学开发创新教学方式，提高学生的体质和身体素质，以促使他们全面发展。

在教育改革背景下，本书以高等院校体育教育为研究重点，探讨如何以教育改革视角研究体育教学理论与实践的关系。以理论研究为着手点，分析当前中国体育教育面临的问题和挑战，讨论如何通过改革体育教学理念与方法提高学生的综合素质尤其是身体素质。

在研究过程中，我们需要充分挖掘体育教育的内在价值和作用，才能更加有效地开展体育教学改革。同时，也需要不断完善体育教育的课程体系、教材和教学方法，以满足学生的学习需求。只有如此，才能够推动教育改革不断深入发展，不断提高学生的综合素质，也为体育教学理论与实践的研究提供更为坚实的基础。

全书共八章。第一章"绪论"，主要阐述了当前体育教学改革的热点问题、体育教学面临的机遇与挑战、教育改革视角下体育教学创新的着力点等内容；第二章"体育教学简述"，主要阐述了体育教学的概念与特点、体育教学的本质与功能、体育教学的基本原则与规律等内容；第三章"体育教学改革的发展历程、现状与发展前景"，主要阐述了体育教学改革的发展历程、体育教学改革的现状、体育教学改革的发展前景等内容；第四章"教育改革视角下的体育教学内容改革"，主要包括体育教学内容概述、体育教学内容的选择与开发、体育教学内容的发展与改革等内容；第五章"教育改革视角下的体育教学模式改革"，主要包括体育教学模式概述、体育教学模式的构建与应用、体育教学模式的发展与改革等内容；第六章"教育改革视角下的体育教学方法改革"，主要包括体育教学方法概述、体育教学方法的选择与应用、体育教学方法的发展与改革等内容；第七章"教育改革视角下的体育教学评价改革"，主要包括体育教学评价概述、体育教学评价的规范与落实、体育教学评价的发展与改革等内容；第八章"教育改革视角下的体育教学师资改革"，主要阐述了体育教师的能力结构、体育教师的专业发展、体育教学师资队伍建设改革等内容。

本书由东北师范大学体育学院的李志刚撰写第一章至第五章，共计12万字；东北师范大学体育学院的孙晶晶撰写第六章至第八章，共计8万字。

在撰写本书的过程中，笔者借鉴了国内外很多相关的研究成果，在此对相关学者、专家表示诚挚的感谢。

由于笔者水平有限，书中有一些内容还有待进一步深入研究和论证，在此恳切地希望各位同行专家和读者朋友予以斧正。

目　　录

第一章 绪论

体育教学是高校教育教学体系中重要的组成部分，参加体育运动不仅能够锻炼学生的身体素质，也能够培养学生的意志品质，同时还能够增强学生的团队意识，对促进学生身心和谐发展具有十分重要的作用。但是在信息化背景下，我国高校体育教学仍然存在不足。所以，要想实现高校体育教学质量的不断提升，就需要对原有的传统体育教学模式进行创新改革，不断更新和完善我国高校体育教学体系，积极引入先进的教育理念和方法，不断提升学生在体育方面的兴趣，让其主动参与到体育锻炼当中。本章包括当前体育教学改革的热点问题、体育教学面临的机遇与挑战、教育改革视角下体育教学创新的着力点三个部分。

第一节 当前体育教学改革的热点问题

目前，高校体育教学发展中存在一些问题，涉及各个方面，如师资力量水平、课程设置安排、综合考评制度、领导重视程度、教学理念贯彻等。对于一些亟待解决的体育教学现存问题，国内研究已久，虽初具成效，但是与预期目标仍存在一段差距。当前，我国高校体育教学改革中需要研究的热点问题主要包括以下几个方面。

一、体育教学思想观念改革的相关问题

近些年，高校体育界在深刻的反思中认识到，体育教学观念变革在推进高校体育教学改革与发展中起着重要的作用。原国家教委副主任周远清总结其高等教育的教学管理工作的经验时指出："体制改革是关键、教学改革是核心、教育思想观念改革是先导。"① 随后，体育教育理论界对高校体育教学中如何实施素质教育进行了广泛的讨论。

---

① 周远清. 我的教学改革情结 [J]. 中国高教研究，2015（9）：1-3.

1

素质教育的实施是我国教育史上一场深刻的革命，它也为体育教学的改革提供机遇。素质教育不仅能促使体育教学发挥其社会价值和功能，也是体育教育自身发展的需要和本体功能发挥的需要。所谓体育教育的本体功能是指：改善学生的体质，展示学生的特性，提高学生的综合素质以及社会化程度，同时也有利于开发学生的大脑，使学生具有较强的心理素质。

在高校体育教学中实施素质教育，是以学生的自身需求为出发点，激发学生的积极性，使学生的个性得到充分发挥。在高校加强素质教育的实践中，以北京体育大学、北京体育师范学院为代表的许多体育院校纷纷开设人文讲座、增设人文选修或限选课。

现在大多数高校都是以培养学生"体质健康"为主要目标。从"健康第一""终身体育"思想和我国国情出发，高校体育教学必须与"以人为本"的思想相结合，加强素质教育，树立全面的教育观和学生观，积极推进高校体育教学改革。

二、体育教学体制改革的相关问题

随着中国特色社会主义进入新时代，学校体育改革步入攻坚期、深水区，面临的问题也更具有跨界性、跨域性，唯有多领域、多主体、多系统协同改革，方为破解之道。推进学校体育治理现代化是契合全面深化改革的必然之举，是从管理走向治理的必然选择。

新时代赋予学校体育新使命，在推进学校体育治理体系和治理能力现代化进程中，唯有答对"培养什么人、怎样培养人、为谁培养人"这一根本问题，制度层面的设计才不会出现错位和偏差，学校体育治理现代化才有章可循。党的十九大报告指出：要全面贯彻党的教育方针，落实立德树人根本任务，发展素质教育，推进教育公平，培养德智体美全面发展的社会主义建设者和接班人。因此，落实立德树人根本任务，坚持"健康第一"指导思想，是学校体育当前和今后时期的根本遵循，是推进学校体育治理现代化的目的和意义。

推进学校体育治理现代化，应破除一元管理主体，转向多元主体共治。学校体育的一元管理主体是政府，多元治理主体的核心是政府、学校、社会。在学校体育的发展历程中，多元治理主体并非同时登台，其地位也非等同展现。推进学校体育治理现代化，要充分协调社会、学校与政府关系，由政府独轮单向管理转变为政府与社会、学校、家庭四轮驱动治理，将学校体育引入社会公共服务"善治"领域。

在构建学校体育制度顶层设计的同时，要做好以下四个方面的工作，实现精细化治理。一是在政策引导上加大"放管服"力度，提高学校的自主权。学校是治理主体之一，应形成自下而上的反馈机制与治理体系，激发自主性和能动性。二是资源下沉。通过构建现代化治理体系，使人力、物力、财力及各种资源的支配与调用下沉到学校或基层，使不同地域、不同发展水平的学校根据自身的发展需要灵活调配资源，解决师资队伍与场地设备不足的问题。三是学校体育共治。政府、学校、家庭、社会组织、行业企业及个体都是学校体育治理的主体力量。就学校体育中涉及的与公共体育服务要素相关的场地设备的建设、使用、管理及权责分配等问题，可广泛征求社会和相关利益群体的意见，通过组建学校体育智库、加强社会舆论监管，实现高质量、高效益的学校体育共治。

三、体育课程教学改革的相关问题

就体育课程而言，应该轻化"精英式教育"，注重"全人教育"。"全人教育"就是指培养德、智、体、美、劳全面发展的人。党的十八大以来，全民健身事业持续发展、健身设施供给和服务水平不断改善，但仍存在有效供给不足、难以满足群众需求等问题。2014 年，国务院印发的《关于加快发展体育产业促进体育消费的若干意见》提出将"全民健身"上升为国家战略。2019 年中央办公厅和国务院办公厅明确指出要加快推进教育现代化。教育现代化包括体育教育的现代化，体育教育的现代化要求必须打破原有的条条框框，从培养全面发展的人出发，紧跟社会发展的趋势，这对高校体育教育提出了挑战。2021 年 10 月，国家体育总局印发《"十四五"体育发展规划》（以下简称《规划》）。《规划》总结了"十三五"时期我国体育事业取得的成就，系统谋划了"十四五"时期我国体育事业的发展，对未来五年我国体育事业发展进行了全面部署。《规划》提出的目标主要有：全民健身水平达到新高度，竞技体育实力再上新台阶，青少年体育发展进入新阶段，体育产业发展形成新成果，体育文化建设取得新进展，体育对外交往做出新贡献，体育科教工作达到新水平，体育法治水平得到新提升等。这些文件均为高校体育教育提供了课程改革的方向，高校体育课程应向全民体育课和大众体育靠拢，这也是终身体育的必经之路，而学校体育是实现终身体育的必要手段。需要注意的是，虽然学校体育的内容与终身体育有所差别，但是，在学校体育阶段所进行的体育课程的学习、体育意识的培养、体育技能的掌握都是终身体育的基础。一般来说，体育知识、技能、体育锻炼方法储备越多，对形成体育锻炼兴趣和习惯就越有帮助。大学生走出校门后，会根据周围社会生活环境的变化采取更多的应变措施，这样就容易成为终身体育者。所以，在大学生进入社会之前的学校学习中，高校体育的体育知识、运动技能教育是非常有必要的。成功的高校体育教育应该为学生的终身体育和健身意识打下坚实的基础。因此，高校体育不仅要着眼现在，更要放眼未来，终身体育思想也应成为各高校体育改革的方向。因此，高校体育课程改革应该围绕"以人为本"的目标，培养学生成为全面发展的人。高校体育教育的目标是促进大学生体质健康全面发展，高校体育课程的设置应向大众体育、全民健康和终身体育的目标转变，将"以人为本"作为根本教育原则。就现状而言，高校体育教育应该适应社会的发展趋势，体育课程应针对问题进行适时适地的设置。因此，应根据现状对高校体育课程进行改革。与课程改革密切相关的问题有师资水平、教学方法、教学内容、学校指导思想、学校硬件设置、学生实际水平等一系列的因素。目前，高校体育课程教学存在以下问题。

（一）体育课程指导思想多元化的认知存在偏差

高校体育课程改革的指导思想呈现多元化特征，"终身体育""健康第一""以人为本""全人教育"等指导思想与教育的本质相符，大方向与国家政策相一致，但是体育教师个人理解水平和个人素质能力的差异，对"终身体育""健康第一"等指导思想的理解并不一致，出现了理论与实践并不一致的现象。而且，通过对学生体育素养感知的调查发现，体育教师的认知与学生的认知存在偏差。也说明部分体育教师理解指导思想时的落脚点在理论层次上，而不是由理论出发落脚于学生。

（二）体育课程目标设置较为单一

部分高校的体育课程目标设置较为单一，对学生的教学注重基础目标的设置，忽视发展目标的设置，对学生体育参与意识的培养有所欠缺，造成学生对体育活动的参与未形成长效机制。同时也会加重优势学生得不到优教、弱势学生得不到补救的现状，"吃不饱"和"吃不了"的情况将会持续恶化。较为单一的教学目标与教育全面发展的人的指导思想不相适应。

（三）体育课程类型和结构设置不匹配

一些高校体育课程类型多样，尤其是大一、大二的学生，可以根据自己的兴趣进行选项上课，但是大三、大四的学生相对来说选修的课程有限，这样可能会使学生对体育活动的参与出现断层。而且相对于丰富的体育项目课程，体育理论课的开设并不能够完全满足需求，理论课仅限于体育项目的理论课，而有些对学生有很大帮助和补充的课程，如运动心理学、运动生理学、体育保健学、科学健身方法等却少有开设。部分高校现有的理论课程的教学时数、教师专业水准也远远达不到国家的要求。

（四）体育实践课的开设设想与实际有距离

多数学校通过选项上课的方式发展学生的兴趣和爱好，但是上课的组织形式有限，较少的体育教师在组织课堂教学时会考虑到学生水平的差异，做到分层次教学和授课，不能完全满足提高学生的能力水平的需求；就上课的体育项目而言，三大球为首选，对场馆硬件设施要求较高的小球类项目和跆拳道等则入选率较低，而这些项目却是学生非常喜欢也更加容易掌握的体育项目。

（五）教学方法和教学评价方式单一

可能受限于体育教师的水平和学校的硬件设施，体育教学方法相对较为单一，一般以统一授课"齐步走"的模式居多；教学评价重在结果评价，较少有过程评价，而且多是教师对学生的评价，将学生对教师的评价加入体育课程改革体系的学校较少。这就导致体育教师制定教学指导思想、教学目标和教学方法时，不能跟学生的需求保持一致，导致教与学脱节。

（六）体育课程资源的开发和重视程度不足

高校中青年体育教师是体育课程的中坚力量，其工作量相当饱和，很多中青年教师也是家庭的中坚力量，工作和家庭的双重压力较大，可能会降低他们对工作的积极性；部分高校的中青年教师职称评聘困难重重，易导致中青年教师出现职业倦怠感，失去前进的动力；对体育教师的必要的高级别培训也有所欠缺，部分体育教师的科研水平较低，这与没有接受相关的科研训练和缺乏高质量的学习有关，这样易导致体育教师失去个人授课水平提高的源泉。硬件设施，如体育器材和场馆，是体育课程的物质资源。调查发现：三大球的场馆较多，小球类的场馆很少；传统项目的场馆较多，新兴项目的场馆较少；有些体育场馆的数量和质量均达不到国家规定的标准。

体育信息化是全民健身计划实施的前提，利用信息技术可构建体育服务体系，满足重大体育赛事的不断增长的组织工作的需要，同时还可提升体育竞技竞争力，加强体育竞技的管理。体育信息化主要呈现形式可分为四大类：高校体育教学信息化、健身人群的信息化、体育竞技比赛信息化、体育产业信息化。当前，我国正处于推进体育强国战略的重要时期，且国家大力支持智能体育装备、"互联网

＋体育"、智慧体育场馆等数字体育产业的发展，但从我国高校体育发展现状来看，高校体育水平与美国、德国、英国等发达国家仍存在一定的差距，部分体育高新技术仍由国外企业掌握，而且国内科技和体育融合的案例相对较少，急需政府的支持；同时，借助国家支持智慧体育发展的有利契机，高校体育行业需要加大科研创新力度，积极探索高校体育教育与"互联网＋"融合的新模式，从而促进我国高校体育水平的提高，为建设体育强国贡献力量。

第二节　体育教学面临的机遇与挑战

一、体育教学面临的机遇

（一）国家政策带来的机遇

从中华人民共和国成立以来我国学校体育教学大纲的几次重要调整中不难看出：学校体育的教育思想主线从强化身体素质教育到深化终身体育教育再到提倡体育与健康相结合，健康教育思想始终贯穿其中。2007 年我国首部《国家人口发展战略研究报告》中指出：提高人口健康素质，需要从提高出生人口素质、提高全民健康素养、建立以预防为主的公共卫生体系三个方面入手。同时，开始加快相关政策文件的制定与出台，如原国家卫生部、原国家人口和计划生育委员会在 2008 年、2014 年和 2015 年先后颁布与实施了《中国公民健康素养——基本知识与技能（试行）》《全民健康素养促进行动规划（2014—2020 年）》《中国公民健康素养——基本知识与技能（2015 年版）》，都对如何推进与落实全民健康素养的培育和提升提出了具体的要求与实施路径。现阶段，国务院《关于实施健康中国行动的意见》《健康中国行动组织实施和考核方案》和国家卫生健康委员会负责制定的《健康中国行动（2019—2030 年）》发展战略，都对更进一步落实与推动全民健康素养的组织、目标、监测、考核等方面做出了具体的部署。近年来，这些重要的纲领性政策指导文件的相继颁布与执行，为高校提升大学生健康素养迎来了前所未有的政策机遇，推动着体育教学的发展。

（二）社会发展的需求带来的机遇

进入 21 世纪，国家对高等教育提出了新的改革要求。《国家中长期教育改革和发展规划纲要（2010—2020 年）》提出"全面提高高等教育质量，优化高等教育结构，加快创建世界一流大学和高水平大学步伐""创新办学体制和教育管理体制，改革质量评价制度和考试招生制度，建设中国特色现代学校制度"，为中国教育改革发展指明了方向，加快了中国从教育大国向教育强国迈进的步伐。中央领导的重要讲话精神和国家颁布的教育规划为高等教育提供了良好的指导，同时也对高等学校的管理水平、教育质量提出了更高的要求。作为高等教育的重要组成部分，高等体育教学也应顺应国家和社会发展的要求，加快改革的步伐，促进自身的发展。在一个多世纪的发展历程中，中国高等体育教学为国家的发展、民族的振兴和体育事业的发展做出了巨大的贡献。随着中国体育事业的发展，中国逐渐由体育大国向体育强国迈进。创建世界一流的体育大学和高水平的高等体育专业院校，发展一批世界一流的体育学科，是发展体育强国的必由之路。高等体育教学作为推动体育事业发展的重要动力源，需要在体育人才培养、体育文化传承、体育科学研究以及提升中国国际影响力方面发挥重要作用，进而推动中国体育强国的建设。当前社会经济发展、社会进步、文化事业繁荣发展为高等体育教学的发展提供了大好机遇，国家体育发展政策的制定、管理体制的创新、管理结构的优化、公民体育文化意识的培育等为高等体育教学的发展创造了良好的环境。另外，随着中国经济的发展，国民收入逐步增长，物质生活日渐丰富，人民生活水平有了较大的提高，对于体育锻炼的需求增加。国家、社会、人民对中国体育教学提出的政治、经济、文化、教育、健康、娱乐等方面的要求，需要有创新能力的高层次人才去实现。作为体育人才培养的高等体育专业院校如何才能承担起社会赋予体育的重任，这就需要高等体育专业院校在办学目标、专业设置、人才培养、体育管理等方面做出相应的调整，以满足国家、社会、人民的需求。

（三）竞技体育、社会体育和体育产业的发展带来的机遇

1. 竞技体育的发展需要体育专业院校的支持

"体育强国梦"是"中国梦"的重要组成部分，竞技体育是"体育强国梦"中的重要组成部分。竞技体育项目布局关系到竞技体育项目的发展重点以及发展方向，是应对当前国际、国内竞技体育形势及发展态势的重要决策，也是关系到竞技体育发展的战略性重要问题。竞技体育实力是我国社会经济发展水平的一个重要表现，竞技体育后备人才管理体制是其实现可持续发展的重要保障。长期以来，以"举国体制"为主的竞技体育后备人才管理体制已经实现了我国竞技体育由无到有、从弱到强的历史性重大突破。但随着我国经济社会的发展，原有制度

在其运行过程中暴露出"管办不分"、资金来源单一、保障机制不健全等诸多弊端，已经无法适应未来对竞技体育的多样化、多层次要求。因此，全面推进深化竞技体育的行政治理运行体系和人才治理运行能力，建设现代化体制，转变政府职能，整合社会资源用以适应经济社会和体育市场，推进体育市场、社会及人民公众共同积极参与到现代竞技体育后备队伍人才培养管理中，探索并逐步健全国家与社会相结合的一个开放化、多元化的现代竞技体育后备管理体制和人才运行机制，解决体育管理体制中暴露出的一些问题，已经成为推进竞技体育后备队伍人才管理运行体制改革亟待解决的重大问题。然而学校体育作为竞技体育人才培养的重要渠道之一，需要将竞技体育后备人才的培养融于教育体系中。所以竞技体育的发展离不开高校专业体育院校的支持。在我国全面深化改革时期，创新高校的竞技体育后备人才培养机制，探索中国特色培养模式，值得人们重视。

2. 社会体育的发展增加了体育人才的需求量

我国社会体育逐渐走向大众化、生活化。随着全民健身时代到来，社会对体育工作者的数量及质量也有一定的要求。面对人们多元化的需求，从业者如何提高自身的专业能力成了当务之急。建设健康中国的计划和全民健身活动的兴起，无疑为我国社会体育的发展奠定了基础。总的来说，全民健身运动的兴起和体育运动行业的繁荣发展为社会体育开辟了新的路径，同时也拓宽了体育市场空间。国家出台了一系列的政策措施，为我国的体育事业发展提供了有力支持。体育消费者日益增长的需求已成为社会体育发展的内在动力，同时也为体育院校提供了良好的发展机遇。

3. 生机勃发的体育产业增加了体育人才的多样化需求

以习近平同志为核心的党中央对中国经济发展阶段做出的深刻判断，为新时代我国经济各领域各项工作提供了基本的战略遵循和行动指南。作为"五大幸福产业"和"六大消费领域"重要内容的体育产业，在新时代背景下，顺应经济社会发展形势，其发展思路也逐渐演变为以"提升质量和效益"为主线的高质量发展。全国多个省、市、区陆续出台了关于推动体育产业高质量发展的若干措施和实施意见。进入新时代，我国体育产业发展逻辑的动态演变正式迈向更高层次，高质量标准将逐步替代体育产业发展原有的基础性和关键性变量，高质量发展已经成为我国体育产业发展的主方向和主旋律。国家体育产业的发展战略以及体育产业的迅猛发展将会增加对新型体育专业人才的需求，为体育院校多样化人才培养提供了良好的发展机遇。

（四）高等院校教育教学改革带来的机遇

随着社会经济发展，信息化、智能化社会正在形成，互联网越来越发达，在线教学资源也越来越丰富。教学平台不再局限于传统课堂本身，教学内容也不再局限于教材，高等院校课堂教学的智能化、开放性、互动性等特点越来越明显。2015 年 4 月，为积极顺应世界范围内大规模在线开放课程发展的新趋势，直面我国高等教育教学改革发展的新机遇和新挑战，教育部发布《关于加强高等学校在线开放课程建设应用与管理的意见》，积极推进在线开放课程和高等教育教学改革的讨论，鼓励高校和社会参与者以开放、包容、务实的态度趋利避害，共同构建具有中国特色的在线开放课程体系和课程平台，促进其在更新教育观念、优化教学方法、提高教育质量、推进教育教学改革等方面发挥更加积极的作用。

二、体育教学面临的挑战

体育事业和教育事业快速发展给高等体育教学发展带来了机遇，同样也对高等体育教学发展提出了更高的要求。而高等体育专业院校在面对社会发展带来的机遇时，其办学目标定位、管理体制、学科专业设置、人才培养方式等能否满足社会发展的要求，成为高等体育专业院校必须思考的问题和面临的挑战。

（一）高校体育教学课程方面的挑战

1.课程学习内容未能充分与实践相结合

体育课程教学是一个科学构建体育科学知识体系、掌握体育运动技能的过程，练习是一个不断熟练体育技能的路径，比赛则是全方位展现学生学习水平、磨炼体育竞技意志的更高层次升华。如今，各高校逐步开始重视运动会和社团，这对大学生的身心发展起到了积极的推动作用。但如今在新时代深化体育教学改革的背景下，高校体育教学与实践结合发展仍有许多问题。高校之间资源配置差异、师资力量差异、科学的赛事举办及管理体系的缺失等均会在一定程度上导致学生的所学无法充分与实践相结合。学生无法将课上所学更好地带入生活，也无法更好地展示和发挥自己所学的体育技能，久而久之有可能丧失学习热情。

2.体育课程内容设定局限，学生积极性欠佳

高质量体育教学可以使学生更加活跃，在培养体育兴趣、发展体育技能方面发挥重要作用。如今，高校体育教学在部分高校存在流程化的现象，部分授课内容枯燥无趣，导致学生体育课上不积极，外加体育教学过程授课形式单调，体育

课程变得不再有吸引力，体育教师也难以调动学生上课的积极主动性，无法塑造学生对于体育健康的积极意识。有些高校的体育课程的教学内容十分乏味，仅仅开展一些比较陈旧的体育课程，缺乏健美操、交谊舞、太极拳等具有吸引力的体育课程，难以吸引学生的注意力。而且，有些高校的体育教学内容过于注重体育技能，忽视了体育理论知识的讲解，没有组织开展体育理论知识教学，导致学生缺乏对体育理论知识的学习，学生的体育技能锻炼缺乏体育理论的指导。由此可见，随着中国社会的不断进步，开展高质量体育教学迫在眉睫。

3.课程过于注重技能培养，忽视体育课程思政建设

在习近平新时代中国特色社会主义思想的指导下，高校体育与思想政治教育相结合，既能让学生在体能上得到锻炼，又要在思想政治教育中发挥作用，还要知道如何感受体育精神。这样既可帮助学生建立爱国主义情怀，也可使其树立正确的科学的人生价值观，促进大学生的全面发展。然而，现如今部分体育工作者缺乏全面育人理念，体育教学工作重点往往集中于学生技能教授及技能水平提升，弱化了体育的其他职能。具有强大实践性的体育课程是高校立德树人不可或缺的抓手之一，将体育课程作为思政建设的载体很有必要。但在实际教学中，体育课程思政建设力度不够，体育与思政的融合不够深入，"两张皮"的体育课程思政仍然存在。这就要求大学体育课程不仅要培养学生保持健康、强壮的体质，还要重视全员育人，树立"体德双馨"体育思政教育理念；重视全方位育人，实现传统教学与创新教学的结合。

4.高校体育教师综合能力有待提升

教师的综合素养是体育教学的重中之重，在教学过程中教师的教学研究能力和综合素养直接影响到课程的有效性。科学的体育知识、较强的语言表达能力及统筹组织能力、端正的思想意识都在影响着学生对于体育课程的接纳程度及体育课程实施效果。部分教师只顾流程化教学，无法切合实际给学生带来帮助，甚至会影响到学生运动的热情。高校体育教师要做到不断提升体育健康相关知识，遵守职业道德，提高道德修养，以提高学生身体素质发展和技能水平为主要教学目的，同时尊重学生，促使学生德智体美劳全面发展。

5.高校体育教学理念有所偏差

体育课程设置的目的是从根本上提高学生的体育素质，其作为教育中的一个重要分支，近年来得到了长足发展，这是教育发展的必然。体育教学与社会发展相适应，在强健学生体魄的同时与学生的身心发展相适应。就目前而言，随着体

育教学事业的不断发展，这个基本概念逐渐出现偏差。有些学校过度重视文化课，体育课程设置较少，学生无法得到足够的锻炼，身体素质变差，反而影响学习成绩。近年来，虽有体育工作者在此方面做了大量研究，但总体而言，体育教学学科理念和体系构建仍不太成熟，需进一步探讨及完善。

（二）高校体育教学方法和模式方面的挑战

1. 传统教学范式为主，忽视学生主体性

目前部分高校体育教学范式仍以传统教学范式为主，没有考虑学生的主体需求。教师对学生的学习情况的检测率较低，而且教师在体育教学前未能做好充分的教学准备工作，不了解学生的实际发展情况。以传统教师"教"为主，忽视学生的主体作用，以至于学生的体育学习仍处于被动状态，受体育教师支配，不能激发学生学习兴趣。据调查，有些高校对于新入学的学生实行早操出勤打卡式管理，体育课严格进行考勤，确保每位新生都能够参与必要的体育活动。但是，这种方式大多数存在强迫的意味，学生虽然全员参与，但被动性大于主动性，存在学生体育锻炼不积极、不认真的现象。新的体育课程改革理念的提出，需要体育教师花费专门的时间，对体育教学理念和体育教学目标深度理解后，再进行体育教学设计。但是部分高校教师在生活压力、教学压力等多重压力的影响下，缺少科研学习的时间，并且高校对体育教学也不够重视，导致体育教师可利用的资源有限。而部分高校偶尔开展体育教师培训，甚至有高校未开展体育教师的学习培训，致使高校体育教师专业素养得不到提升，教学理念和教学模式得不到更新，所以部分高校仍然依照传统思想理解新的教学研究成果，这样传统的教学范式导致教学效率降低，忽视学生主体地位，使学生得不到全面发展。传统体育教学范式的局限性迫使体育教学改革，要突出"以学生为主体"的教学观念，要以"健康第一"作为指导思想，充分考虑学生的身心健康发展，培养全面发展的社会型人才。

2. 教学方法单一，课内课外脱节

教学方法是体育教学内容的具体呈现形式，是连接教师和学生的关键纽带。目前，部分高校的体育教学方法比较单一，导致学生课堂的参与度低，积极性不高。首先，传统的体育教学方法仍占主导，男女生一起教学，没有考虑男女生的机体差异，导致体育活动女学生参与度低，体育课堂效果较差。其次，教师采用的体育教学方法以传授技能学习为主，分组教学法和竞赛法没有顾及所有学生的需求，导致学生课堂积极性降低，运动效果不显著。最后，受传统体育教

学思想的影响，高校体育教师对体育教学方法创新度不够，仍以传统教学方法为主。课堂氛围较为沉闷，学生没有活力，学生对体育活动的积极性也会影响教师对体育教学方法的选择。

此外，高校一般规定体育课每周一节，部分学生上体育课只是为了修满学分，因此忽略了课外体育活动。每周一节体育课以及至少三次的课外体育活动不能得到有效的保证，学生只进行体育课的学习，缺乏课外体育活动，不能融洽地将课内外体育活动相结合。学校虽然设置了各种各样的场地设施，但是，由于参与的人数众多，出现了供不应求的现象。场地设施是高校学生开展体育课外活动的物质保证，也是学生巩固课堂教学内容的必要条件，而场地器材的供不应求会使得学生课外体育锻炼参与度降低，导致课内课外脱节。通过与专家交流发现，科学的课外体育活动管理和指导影响着学生课外体育活动的参与度和锻炼效率，但是高校体育教师将更多精力放在课堂教学中，忽视了学生的课外体育活动，导致学生课内外体育活动不能有效结合。

（三）高校体育教学目标和评价方面的挑战

1. 教学目标宏观，教学内容守旧

高校体育教师的体育教学目标大多以国家制定的体育教学大纲目标作为学生的学习目标，虽然学生最终要达到国家制定的体育学习目标，但体育学习目标并不是一蹴而就的，要通过无数的小目标来实现最终的目标，要不断细化体育学习目标提高学生的身体素质和身心发展水平。然而，如今部分高校体育教学把体育课程标准的目标作为学生学习的目标，导致目标过于宏观，无法保质保量地实现体育教学目标。

高校的体育教学目标主要以"三基"为标准，最主要的是要求学生掌握专项运动技能，这与传统的关注运动技能教学观几乎无差别，但值得肯定的是，体育教师在体育教学中融入了课程思政的教授，并培养了学生的体育情感，促进了学生意志品质的发展，但体育教学目标仍未进行细分，致使体育教学效果还未得到显著提高。高校体育教学内容以专项运动技能学习为主，并发展学生的身体素质，较少关注学生的理论学习和意志品质的培养。在实际的调研过程中发现，高校中大部分学生对于体育是有较强的兴趣的，男生更倾向于足球、篮球、羽毛球等开放性体育项目，女生则更偏向于健美操、啦啦操、瑜伽等功能性项目。学生在上课的过程中有自己的想法：男同学更愿意自主选择进行体育活动，因而会出现不配合教师、上课积极性低的表现，但其本质是热爱体育活动的，只是不

太喜欢集体授课的方式；而女同学则比较喜欢集体活动，在教师的带领下进行体育项目的学习和练习，当女同学单独进行体育锻炼时有可能会出现积极性低、害羞、不好意思的现象。因此，传统的集体授课模式已经不能满足现代高校学生的体育学习需求。部分教师在进行体育教学时，往往会依照传统的教学思路对学生进行授课。殊不知，进入高校的学生在经历了小学、初中和高中的体育课之后，已经摸清楚体育课的教学套路，如果只是按照传统的教学模式进行教学，学生的学习就失去了主动性，课堂氛围较沉闷。学生在进入高校前已经学习甚至熟练掌握了部分体育专项技能，那么这时如果体育教师在授课的过程中讲解这部分知识或技能，学生则会对体育课提不起兴趣，认为大学体育课和以前的体育课一样而不重视。

2. 缺乏合理的个性化考评标准

目前，部分高校存在学生体育成绩考评机制固化的现象，教学评价仍然基于学生在特定体育项目中的表现。过于注重学生的考试结果，强调结果在体育教学中的整体关键地位，考核方法偏重于存量，忽视学生本身存在的个体化差异、身体素质不同，造成评价有失公允。相当一部分学生因身体素质差、体育基础水平差，力量、速度和爆发力较弱，即使努力训练仍未取得好成绩从而丧失对体育课的信心，乃至更加不热爱体育运动，甚至抗拒运动。

3. 教师评价形式化，学生评价绝对化

对体育教师和学生进行评价，能更好地发现高校体育教师在教学中存在的问题，便于及时了解学生体育课程的学习情况。高校学生有自己的意见和主张，很多时候不愿意受教师的约束，因而在评价教师时，有时存在学生给上课较为严厉负责的教师打低分而给"放养式"课堂管理的教师打高分的现象，虽然这种情况也只是存在于极少部分心理成熟度不够的学生中，但教师评价的成绩是看平均分，如果有学生打了低分也会影响教师的整体评价结果。由此看出，目前部分高校体育教学评价虽有评价之名，但无评价之实，形式主义偏多，评价结果也不一定能真正反映教师的体育教学工作完成情况。有些高校对教师的职称评定主要以教师的科研成果为主，以"论文定性"不能全面考察体育教师的体育教学能力以及对体育教学的创新性，长此以往反而会降低教师对体育教学的积极性，减少教师对体育教学的投入，影响高校学生体育学习的效果。且高校体育教师的科研成果多以体育人文方向为主，研究体育教学的偏少。

部分高校学生的体育课程学习积极性不高，体育课程的评价形式单一，重结果，轻过程，对学生的评价不客观，对学生的学习过程评价较少，以终结性评价为主。对于体育基础薄弱、身体素质较弱的学生而言，终结性评价是拿不到高分的。因此，运动技能水平并不能代表学生真实的体育学习成绩，而是要多关注学生的体育学习态度和体育活动参与度，综合各种情况进行考量才能对学生形成全面的评价。

（四）办学主体多元化方面的挑战

改革开放以后，高等教育单一的办学体制逐步被打破，办学主体多元化成为高等教育办学体制改革的主要方向。1993 年《中国教育改革和发展纲要》提出高等教育要形成中央、省（自治区、直辖市）两级办学为主、社会各界参与办学的新格局。《国家中长期教育改革和发展规划纲要（2010—2020 年）》提出，高校要"增强社会服务能力""健全政府主导、社会参与、办学主体多元、办学形式多样、充满生机活力的办学体制""健全以政府投入为主、多渠道筹集教育经费的体制，大幅度增加教育投入"。在国家教育政策的指导下，中国高等教育的办学体制由单一化逐步向多元化发展。多元化的办学类型推动了高等教育的普及速度，在教育部发布的《2023 年度全国高等学校名单》（不含港澳台）中，中国民办高等学校的总数达 785 所，占据中国全部 3072 所高校的 25.5%，包含413 所民办本科和 372 所专科院校，招生规模也在不断增长。办学主体多元化俨然成为高等教育发展的主要趋向。但是反观高等体育教育，多元化办学体制主要以公办高校为主体，同时，各种形式的民办高校也在不断的发展过程中。但是从总体的形势来看，我国公立高校始终在我国高等教育体系中扮演着主导性的角色。民办高校的办学力量较弱，发展态势不是十分理想，且民办高校的招生规模小、生源数量少，办学资源不够丰富。这种情况值得高等体育教育管理者深思。单一化的办学体制表明中国体育专业院校存在市场化、开放办学程度不高，学校数量趋于饱和的问题，进而致使体育专业院校陷入办学资金不足、社会化服务能力不强的困境。高等体育教育如何适应高等教育的发展趋势、如何提高在高等教育市场中的竞争力，成为高等体育教育发展面临的巨大挑战。

（五）多样化人才需求方面的挑战

社会体育的快速发展，需要大量的社会体育专业人才，同样，竞技体育的发展以及三级训练体制逐渐缩减，也对高等体育专业院校的人才培养提出了较高的要求。竞技体育和社会体育的巨大需求在为体育专业院校发展提供巨大机遇的同时也提出了巨大挑战，具体表现在以下两个方面。第一，体育专业院校人才培养类型与社会需求的契合度问题。面对当前人才培养存在优秀运动员培养不足和人才培养与社会需求不契合等问题，如何满足社会需求，完善学校的职能，成为高等体育专业院校发展的挑战之一。第二，人才培养的需求对高等体育专业院校的基础条件和人才培养方式提出了更高的要求，包括教学设施、师资力量、办学资金等。

第三节　教育改革视角下体育教学创新的着力点

教育改革是一项工程，涉及各级各类的教育部门。全球知名教育变革理论专家 R.G. 哈维洛克（R.G.Havelock）曾经对"教育改革"做过以下具体界定：教育改革表明教育情况所产生的一切含义的改变。也就是说，当课堂教学变化产生了显见的具体效用或结果时，表明教育的最初状态和以后状态有着明显的差别。

中华人民共和国成立后，我国青少年的发展及健康问题得到了党的密切关注。1952 年，毛泽东为中华全国体育总会的题词——"发展体育运动，增强人民体质"，成为我国体育发展的指导方针。1978 年，改革开放的到来也使我国高校体育教学的管理及规范逐渐恢复，但当时高校体育教学的状态无论是教学方法、教学设施还是教学目标等都存在一定的疏漏和不足之处。1979 年，《高等学校体育工作暂行规定》发布，标志着高校体育教学的改革正式开启。高校体育教学是提高人们身体素质的重要环节，国民体质是民族发展的根本，以核心质量指导方针明确规范体育教学，才能有效地提高大学生的身体素质。因此，高校体育改革还需很长的一段路要走。党的二十大提出要"建成教育强国、科技强国、人才强国、文化强国、体育强国、健康中国，国家文化软实力显著增强"，各高校体育教学要以开展不同程度的体育教学改革来积极响应党和政府的号召。

体育活动是一种丰富当代大学生课外活动的重要方式，它可以拓宽学生的眼界，陶冶他们的情操，培养他们的道德品质，使他们养成良好的生活方式。学生健康是国之未来与根本，为更好地推进体育教学事业的发展、促进全民健康，教育部颁布了《关于全面加强和改进新时代学校卫生与健康教育工作的意见》，提出高校体育要顺应时代的发展趋势，发挥体育教学的真正作用，推进健康中国建设。因此，我们应积极响应国家对于高校体育教学推出的众多举措，根据自身情况推出切实可行的改革方案，以学生为中心，促进学生全方位发展。

教育改革视角下体育教学创新的着力点，主要包括以下几个方面。

一、增强体育教学的趣味性

高校在体育教育创新模式研究中，不仅要从专业角度出发，设置更为科学合理的体育课程体系，而且要考虑到体育教学方式的创新，从增加体育运动趣味性为出发点，吸引更多学生参与其中。体育运动是从人类的狩猎与战争中演化而来的，而现代体育运动则更多服务于运动与休闲目的，兼具娱乐性，因此，在体育教学中，从趣味性出发，有助于扩大体育运动影响力，激发学生的参与兴趣。例如，跑步不仅可以增强学生的心肺功能，而且能显著提高学生身体的各项机能，是所有运动中最简单也最有成效的。相比于其他运动，单纯的跑步明显枯燥，因此，教师在体育教学中要创新教学模式，增加该项运动的趣味性。在教学实践中，可以采用组队接力比赛的方式。在这个过程中，学生不仅实现了跑步锻炼，而且也培养了他们的团队意识与竞争意识，增加了该项运动的趣味性。此外，考虑到体育课程具有的不同特点，教师在体育课程设置与教学方式上也要积极创新，不断更改运动规则，使学生产生新鲜感，能够对体育课程保持较高的参与度。

二、促进中华体育精神融入课堂

课堂是传授文化知识的重要渠道，也是进行德育的重要渠道。高校体育课堂通过思想政治课程和体育课程完成中华体育精神的理论阐述和实际践行，通过专业课使学生树立理想信念和职业道德。在课堂教育中实现理论和实践的紧密结合、显性教育和隐形教育的紧密结合，有助于大学生人文素质教育更好地发挥针对性与实效性。

2020 年 5 月 28 日，教育部在《高等学校课程思政建设指导纲要》中明确指出，体育类课程要树立"健康第一"的教育理念，培养学生顽强拼搏、奋斗有我的信念，激发学生提升全民族身体素质的责任感。中华体育精神进体育课堂就要充分利用中华体育精神的精神引导作用，培养学生的爱国情怀、理想信念、意志品质和身体素质。

（一）在榜样示范引领下培养中华体育精神

结合当下热点，利用冬奥会冠军的相关事迹，引导大学生树立热爱祖国的情怀，坚定他们为实现中国梦而努力奋斗的理想信念。

（二）在教学实践中培养中华体育精神

严格要求学生遵守体育课堂要求、体育赛事规则，以此约束学生的言语与行为，培养学生的规则意识，提高学生的体育品德；鼓励学生克服畏惧心理和畏难心理，不断地学习新、难技术，形成不惧困难、顽强拼搏的精神以及积极面对挑战的乐观态度；引导学生进行小组学习和小组竞赛，经过小组每个成员的交流和相互帮助，完成学习目标或取得比赛胜利，发展学生团结互助、协作共进的精神风貌。

（三）在身体练习中培养中华体育精神

在"健康第一"理念的引导下，体育课堂上要充分利用课上时间教授学生正确的运动技能，安排合理的运动负荷，使学生在课上提升身体素质，为技术学习和身体素质的进一步发展打下牢固的基础，同时激发学生的锻炼兴趣和锻炼意识，帮助学生树立终身体育的观念。

三、优化体育教学效果

高校体育教育是实现全面育人、全方位育人以及全过程育人的有机构成部分，并且培养学生的运动兴趣以及运动习惯等，对学生的综合素质提升有牵引作用。优化高校体育教学效果，可从体育教学的角度，对学生的生活习惯、行为等进行引导，在调整体育教学模式的基础上，提高体育教学的综合发展水平。拓展高校体育教育模式，并通过体育教学的创新，提高体育教学的综合发展水平。利用体育教学帮助大学生形成积极、健康、向上的生活态度与方式，鼓励大学生自主地参与到不同的体育活动中，对提高体育教学的创新发展有促进作用。

四、转变指导思想

课程指导思想是体育课程的重要核心，对课程的发展方向有决定性意义。体育课程的指导思想随着社会大环境的变化而变化，具有鲜明的时代特征。体育课程的指导思想的确定，除了依据体育的功能、个体的需要，更要适应不同时期社会政治、经济、科学文化的特点和需要。体育课程承担着提高学生健康水平的重要任务，已成为学校教育的重要组成部分之一。一直以来，我国学校体育一直强调"以强身健体为重点"，这是一种必然要求，但在一定程度上忽视了学生的心理方面的发展和对社会的适应程度，有简单生物学观的倾向。新的中小学体育课程标准突出了"健康第一"这一原则，囊括了身体健康、心理健康和社会适应三个层面。改革开放初期，以"增强学生身体素质"为核心理念，在这一思想的指导下，广大教育工作者致力于增强中小学生的体质。然而，学生的体质继续朝着不令人满意的方向发展，身体素质和身体机能的测试结果也不令人欣慰。这主要是因为我们忽视了学生心理和人格的全面发展。因此，我国进一步确立了学生德、智、体、美、劳全面发展的指导思想，使学生在掌握知识的同时，也能提升身体素质。改革开放逐步深入后，人民生活水平不断提高，在追求温饱的同时，对健康的需求也逐步提高。随着全民健身运动的开展，社会逐步关注到了人们的健康问题，这已是人们的第一需求。2016 年，《国务院办公厅关于强化学校体育 促进学生身心健康全面发展的意见》中指出："强化学校体育是实施素质教育、促进学生全面发展的重要途径，对于促进教育现代化、建设健康中国和人力资源强国，实现中华民族伟大复兴的中国梦具有重要意义。"2023 年，《关于全面加强和改进新时代学校体育工作的实施方案》的制定坚持立德树人根本任务，坚持健康第一的教育理念，以服务学生全面发展、增强综合素质为目标，推动青少年文化学习和体育锻炼协调发展，帮助学生在体育锻炼中享受乐趣、增强体质、健全人格、锤炼意志，培养德智体美劳全面发展的社会主义建设者和接班人。因此，要保证学生有健康的体魄，就要以健康第一为教学指导思想，促使学生在掌握体育知识与技能的同时，积极参与体育锻炼，切实提高体育锻炼水平。

五、利用信息技术，优化教学环节

在我国教学改革的不断推进中，信息技术对其他专业学科都产生了十分积极的影响，如加强教学资源整合、完善教学环境、布置学习任务等。

在我国正式进入互联网时代之后，信息技术凭借自身具有的多元化优势，在人们日常生活和工作中得到了广泛应用。高校在全面发展教育事业的过程中更离不开信息技术的积极支持。在高校体育课堂中充分发挥信息技术具有的作用，能够使学生无法充分理解的知识内容转变为生动形象的动画或视频，确保学生在趣味性的课堂环境中，能够始终保持较大的学习兴趣，加深对相关体育知识技能的理解与记忆。在高校体育课堂教学中提高信息技术的利用率，不仅能够使枯燥乏味的课堂氛围变得生动有趣，而且能使学生的思维更加灵活、创新能力得到进一步提升，在强化课堂教学质量的同时，促使学生身体健康发展。

在教学过程中，学生对比较直观、形象的事物感兴趣，并且喜欢接触这样的事物。而信息技术中的多媒体软件可以满足这样的教学要求，并且这样的教学方式对一些学习能力弱、学习持久性不强、思维比较薄弱的学生有一定的帮助。通过多媒体软件在体育教学中的运用，可以充分地发挥学生的主动性和积极性，在扩展学生知识面的同时，提高了教学的效率，对提升教学质量也有一定的促进作用，还可以进一步地激发学生的创造性。所以高校体育教师在教学的过程中可以充分利用信息技术教导学生，为其创设良好的教学氛围，进而提升教学的效率与质量。

在高校开展体育教学时，教师可直接将对某些运动技巧和动作要领的示范录制成视频展示给学生，并将学生难以理解的动作进行多次重复播放或者慢速播放，同时利用特殊的声音、图像，通过生动直观、仿真模拟的教学视频引导学生自主学习，将重点、难点予以突出展现，使学生看到立体化、精细化的动作。在高校体育教学中应用信息技术，不仅使学习难度得到了降低，学习效率得到了提升，而且一些高难度运动技巧学生也能轻松理解和掌握，这对学生自主探究、自主学习能力的提升有很大帮助。同时也使体育教学更加完善优化，成功构建了高效体育课堂，也真正落实了以学生为课堂主体的教学结构。

当下的教学以体育信息化的模式作为依托，实现了体育教学分离，学生一方面可以在课堂上学习一般传统的基础专业知识，另一方面可以在课后通过网络渠道学习体育相关的知识点。这不仅让学生受益，也方便教师在互联网上上传对应的体育教学资料，然后学生便可以在闲暇时间根据自身的实际情况来安排自己的学习时间。这一授课模式的改变大大减少了教师的压力，同时还能提升课堂的效率及质量，帮助学生在网络上更便捷地进行在线学习。就目前而言，多数高校的校园教学软件中都已经实现了这一学习方式，同时教师还能在互联网上实时了解学生的学习情况，根据其资料的浏览量和下载量来分析学生的学习状态，更好地延伸了教学的空间感。

六、改变课程目标的价值取向关注点

1985 年 5 月，中共中央颁布了教育体制改革的纲领性文件——《中共中央关于教育体制改革的决定》（以下简称《决定》）。这一《决定》的发布为包括体育教育事业在内的整个教育提供了全新的发展方向。2001 年开始，体育课程的名称发生了变化，由原来的体育改名为体育与健康。体育课程名字的改变表明，国家和社会的发展中越来越重视健康的问题，才会把健康一词加入体育课程的名字当中。2011 年，改革开放后第四次全国教育工作会议召开后，国家首次将"健康第一"写入《国家中长期教育改革和发展规划纲要（2010—2020 年）》中，提出要进一步加强体育教学课程建设，提高体育教学质量，使学生身体健康、快乐成长，争取使我国在 2020 年成为人才储备丰富的强国之一。2021 年 8 月，国务院印发《全民健身计划（2021—2025 年）》（以下简称《计划》），就今后一个时期促进全民健身更高水平发展，更好满足人民群众的健身和健康需求做出部署。《计划》提出了 8 个方面的主要任务，包括加大全民健身场地设施供给、广泛开展全民健身赛事活动、提升科学健身指导服务水平、激发体育社会组织活力、促进重点人群健身活动开展、推动体育产业高质量发展、推进全民健身融合发展、营造全民健身社会氛围等。其中"推进全民健身融合发展"主要指的是，完善学校体育教学模式，保障学生每天校内、校外各 1 个小时体育活动时间。

改革开放以来，我国的教育事业可谓取得了较大的成果：教育改革全民推进、教育普及程度明显提高、教育公平取得重要进展、教育质量稳步提升。我国教育事业紧跟改革开放步伐，与人民共命运、与国家共奋进，走过了不平凡的发展历程。特别是党的十八大以来，在以习近平同志为核心的党中央坚强领导下，我国教育事业取得了历史性成就，发生了历史性变革，充分发挥了在改革开放和社会主义现代化建设中基础性、先导性、全局性的战略地位和作用。我们现在站在了新的历史起点上，在新一轮课程改革中，课程目标的基本价值取向是学生全面主动发展。体育课程目标的基本价值取向也发生了一定的转变，体育课程的价值理念体现出了与时俱进的特点，更加关注人的发展，解决了"培养什么人，怎样培养人"的问题；提出以提升国民教育素质、为社会主义建设培养接班人为根本目的，明确了"为谁培养人"的问题。每次全国教育会议中关于教育目标总是会体现"培养什么人"和"怎样培养人"的要求。"培养什么人"和"怎样培养人"的任务会落在学校教育领域中，这也为未来学校教育指明了发展方向。在体育教学方面，应注重培养学生对体育活动的热情，同时在体育活动中培养学生团结协作、坚持不懈的运动精神，为学生健康学习、健康生活打下坚实的基础，切实完成"培养德智体美劳全面发展的当代学生"的目标。这一理念更好地体现出当代教育培养学生全面发展的目的，这不仅是体育课程改革的目标，更是当代教育的目标。

第二章　体育教学简述

　　健康是人们奉献社会和享有生活的基础和前提条件，是社会发展的基本标志和潜在动力。身体健康对于我们的人生意义重大，一个拥有良好健康状况的人通常会拥有更加积极、勇敢和自信的生活态度。心理健康和生理健康同样重要，它影响着我们的情绪、思维、行为和人际关系，保持良好的心理健康对于个人发展和幸福感的提升具有积极而长远的影响。体育教学可以有效促进学生身心健康发展。学校体育应坚持贯彻健康第一的指导思想，促进学生健康成长，在体育教学中激发学生的运动兴趣，使之主动参与，培养终身体育的意识。传统体育教学虽强调学生的身体素质锻炼，但训练内容与运动方式相对较为单一，对学生缺乏吸引力，效果不佳。为了改善体育教学质量，有必要从教学方法、教学内容等多个维度推动体育教学改革，为学生进行体育锻炼创造更佳条件，让学生实现身心健康成长。本章包括体育教学的概念与特点、体育教学的本质与功能、体育教学的基本原则与规律三个部分，阐述了体育教学的基本理论。

第一节　体育教学的概念与特点

一、体育的内涵

（一）体育价值观

　　谈体育之价值，需了解其起源与发展。"体育"一词起初被称为"体操"。我国在 19 世纪 60 年代通过西方传教士传入"体操"一词，在辛亥革命后才被广泛称为"体育"。作为国外引进的内容，各专家与学者对"体育"的理解也是众说纷纭、各抒己见。对"体育"的理解之所以呈现出百家争鸣、百花齐放之局面，归根结底是因为专家学者对于什么是体育、体育的归属问题、本质问题以及体育有什么价值等方面的理解存在差异。

1. 体育的核心价值在于育体

拥有强健的身体是每个人顺利进行一切事物的前提，而体育是促进身体正常或良好发展的有效手段之一。但我国自近代引进体育以来，在较长一段时间里，体育未能引起国人的重视，体育的育体价值更是被国民所忽略，这也导致国民体质健康状况不容乐观，其中学生这一群体的体质健康问题尤为突出。中华人民共和国成立后，增强人民体质成为体育的一项重要任务，这也使得"轻体育"的传统思想被逐渐改变，体育的育体价值也随之受到人们的重视。育体是体育最核心的价值。

2. 体育的根本价值在于育人

20世纪初期，"体育"作为新兴学科，由于从国外传播而来，国人对体育的理解模糊不清，加之国内的教育受到身心二元论的影响，被认为只是文化知识传授，这也导致体育在我国未能得到社会的广泛认可，价值也未能得到发挥。对体育与教育之间关系的看法始于20世纪中后期，这一时期身心一元论的教育开始被人们所了解和认知，开始从身心一元的角度去看待体育。中华人民共和国成立后，面对前期学校教育和学校体育中存在的问题，我国学者开始就体育的价值与教育之间的关联发表自己的见解，挖掘体育本身的根本价值——体育的育人功能。2020年10月印发的《深化新时代教育评价改革总体方案》中明确指出，要把教育的"育人"使命放在重要位置，强调德智体美劳全面发展。体育具有树德、启智、塑美、促劳等重要的育人作用，提升高校体育教育育人功能不仅能提升大学生综合素质，更是实现"五育并举"协同育人的重要环节。体育教学的功能不仅包括强身健体，还包括塑造品格、培养精神，制定规范，提升体育素养，引领体育风格，以立德树人为根本，最大限度发挥体育教育综合育人功能。要实现这些功能，高校的体育课程开设要以体育教育为引领，在体育教学过程中将品德教育、劳动教育、形美教育融入育人全过程，为学生良好人格、品格的建立和步入社会后形成积极向上的个性奠基铺路。为了能充分激活体育在育人中的核心内涵，就必须进一步发掘大学体育教育育人的根本价值，以提升体育教育协同育人的功能，发挥以体塑美、以体启智、以体促劳、以体树德的重要作用。

（二）体育教育观

体育教育观是指在一定的社会背景下学校体育教育的一种指导思想与行动的方向，是学校进行体育教育的核心理念。纵观我国历史长河，翻开中国体育史的篇章，体育作为教育内容在我国古代早就有体现，《诗经·小雅》里说："无拳无勇、职我乱阶。"孔子兴办礼、乐、射、御、书、数"六艺"教育，体育被放在很重要的位置。可是，在汉武帝"罢黜百家，独尊儒术"后，社会长期受"文德为贵，威武为下"思想的影响，重习文而排斥练武，学校教育中与体育相关的内容在很长一段时间里被忽视，在夹缝中求生存，甚至被排斥在教育之外。到清末民初时我国才开始仿照日本开设"体操课"，"五四"新文化运动以后，又效仿美国进行学制改革，将"体操课"改为"体育课"，把游戏、球类、田径、体操作为上课的内容，这一过程使体育有了具体的教育内容，体育在学校教育中的地位也逐渐提升。

（三）体育竞技人才培养观

谈及体育竞技人才培养，就不得不回顾我国竞技体育的发展历程。起初竞技体育只是供少数人进行娱乐消遣的手段，项目少且体育运动技术水平较低。随着我国国内形势的变化与发展，受西方竞技体育的冲击，西方的一些竞技体育项目以及体育竞赛逐渐在我国兴起与发展。在大型体育赛事的举办上，1915年我国在上海举办第二届远东运动会，这是我国最早出现的洲际国际竞赛，之后在1959年我国又在北京举办了第一届全运会。在国际赛事的参与上，1932年我国奥运第一人刘长春参与了第10届洛杉矶奥运会，虽孤军奋战，但这让中国人站在了世界体育的舞台上。此后，从1952年第15届赫尔辛基奥运会开始，我国竞技体育逐渐崭露头角。这些事件也刺激着政府与国人，竞技体育也一度位居国人热议话题之榜首，人们认为体育赛事的举办与参与能够改变中国的国际形象，能够增强民族的自信心。这些对我国创建竞技体育体系，推动竞技体育的发展起着重要的作用。随着竞技体育的发展与地位的提升，对竞技体育所需的人才培育工作也引起了大家的重视，学校体育作为基础性的体育，在为学生打下坚实的体育基础、发掘与培养竞技人才方面起着无可替代的作用，可谓国家竞技体育后备人才的输送基地。

在中华人民共和国成立初期，刚经历过炮火纷飞的中国，一切都处于起步阶段，面对国内外的形势，如何重新与世界接轨，提高竞技运动水平以适应国际交流的需要成了一项重要的任务。在党和国家的关心与领导下，竞技体育事业开始逐步发展，在第 23 届洛杉矶奥运会中实现了巨大突破，一举斩获 15 枚金牌。虽然当时我国体育事业取得的成绩显著，但是与世界先进的国家相比，在一些主要的项目上，还存在着很大的差距。在国家政策的影响下，学校体育与竞技人才培养工作成了相关领域专家讨论的焦点。有学者认为学校体育对竞技体育人才的培养意义重大。学校体育可以通过组建校运动队并对队员进行运动训练来为竞技人才培养服务。在运动竞赛方面，任何一项运动通过竞赛能够将每个人运动水平的高低展现出来。竞赛是发现竞技人才的方式之一，学校的运动竞赛亦如此，儿童、青少年大都爱好竞技运动，喜欢在竞赛中表现自己，运动水平也会在竞赛中得以展现。

竞技体育后备人才是竞技体育事业发展的基础和有力保障，竞技体育后备人才培养是发展经济体育最基本的工作。从中国近代竞技体育的出现与发展来看，大学是竞技体育出现与发展的主要载体。百余年来，清华大学、南开大学、暨南大学、北京体育大学等高校培养了大批体育人才。中国特色社会主义进入新时代后，大学在体育强国建设过程中全面融入竞技体育后备人才培养体系，在竞技体育后备人才培养领域起到重要的基础作用。

在竞技场上，"更快、更高、更强"是竞技精神的凝练，也是衡量人类运动之美的圭臬。中国女足时隔 16 年重夺亚洲杯冠军、中国男排时隔 10 年再夺亚洲杯冠军、苏炳添在东京奥运会即第 32 届夏季奥林匹克运动会上刷新男子 100 米亚洲纪录、武大靖在平昌冬奥会实现男子单人项目金牌零的突破……一连串的荣誉勾勒出中国体育过去十多年的高水准面貌。

二、体育教学的概念

（一）教学的概念

"教学"一词早在殷商时期就已经出现，当时的人们将"教学"分开来描述，表示两类动作，如《礼记·学记》中写道："学，然后知不足，教，然后知困。知不足，然后能自反也；知困，然后能自强也，故曰：教学相长也。"同样在《礼记·学记》中，古人也曾将"教学"二字合并，"是故古之王者建国君民，教学为先"，此处以教学指代教育。而在《东观汉记·邓禹》中则有"笃于经书，教学子孙"，此处的"教学"应解释为"把知识、技能传授给别人的过程"。到了今天，在《现代汉语词典》中，教学一词有两个含义，一是教书，二是指教师把知识、技能传授给学生的过程，这里已经开始出现教学的主体和教学的内容。教学的含义从内涵上看，突出"教"的含义，重视"学"的含义，强调"教"与"学"统一的含义。

基于此，"教"与"学"也是从教师的教和学生的学两个方面着手。其中教师的"教"包括"教"的前期准备，即教师在实际教学前的教学设计、对学生反应的预设；"教"的过程，即在课堂上的实际教学行为以及"教"的内容。而学生的"学"则包括"学"的体验，即学生在课堂中对教师行为的体验与感受；"学"的内容，即学生在课堂中对知识的掌握情况。

（二）体育的概念

现代汉语中的"体育"一词最早是从日本传入中国的，而日本则是明治维新时在学习西方文化的过程中开始接触的。当时的"体育"有两种解读。其一，"Physical Education"（体育）。"Physical Education"形成于欧洲，之后传入日本，日本将其译为"体之教"，即通常意义上说的"对身体的训练"或"体育运动"。1897年，中国的文字资料中开始出现"体育"的字眼，当时上海大同译书局出版的康有为的《日本书目志》中提到了"体育"。其二，"Gymnastics"（体操）。"Gymnastics"一词源于古希腊语的"Gymnastike"，即一种身体的技术。梁启超于1896年发表在《时务报》的文章中提到"办新学、习体操"。随着"体育""体操"等词汇在中国各大报纸、杂志上的广泛出现，其所代表的含义和内容在被中国人接纳和熟知的同时，也逐渐成为一个民族对社会革新和渴望复兴的呼唤与期盼。

我国虽然在19世纪后期才有了"体育"这一词汇，但我国的传统运动项目却与"体育"有着不可割裂的关系。其中最重要的一个内容就是孔子所倡导的"体格教育"以及之后演变出的"六艺"。不难看出，从孔子那时起就认为体格教育是与道德、品行、智慧教育等并驾齐驱的教育形式。唐宋时期，国人非常重视和流行的运动项目——马球和蹴鞠等，也反映了当时人们对运动、健身的热爱。但是，伴随着以儒家为基础的科举考试制度的发展，社会逐渐形成了"重文轻武"的风气，体格教育越来越受到社会的轻视和贬低。近代以来，中国国力荼弱[①]，为改变当时中国"虚弱"的国情，在"Physical Education"和"Gymnastics"概念的影响下，中国的"体育"概念开始以"身体教育"和"军事体操"等形式出现，并逐渐与中国自强求富的理念相关联。例如，张之洞曾在《劝学篇》中总结：锻炼身体和

---

① 1917年4月，毛泽东在《新青年》杂志发表了《体育之研究》一文，明确地指出："国力荼弱，武风不振，民族之体质，日趋轻细，此甚可忧之现象也。"他认为体育的作用在于能"强筋骨""增知识""调感情""强意志"，展示了毛泽东早期"健身强国"的体育思想。

中国的国家存亡息息相关。这一时期，中国的"体育"内涵可以概括为在"Physical Education"和"Gymnastics"基础上培养中国人的"尚武精神"。随着社会的进步和发展，西方学校体育、竞技体育、群众体育开始兴起，"体育"的内涵也得到拓展，人们在"Physical Education"的原有含义的基础上，还创造性地提出了"Mass Exercise""School Sport"等新词汇、新概念。"Physical Education"也逐渐被"Sport（s）"或"Exercise"所代替。体育这一概念在词源上的鲜明转变，表明了随着社会的进步和发展，"体育"的内涵不仅包含"身体教育"，也包含着如体育文化、竞技体育、群众体育在内的一系列相关内涵。

此外，随着中国竞技体育的蓬勃发展，中国与世界的关系也日趋紧密，这种体格教育逐渐与民族荣誉感和认同感相关联。"体育"开始成为中国社会转型和增强国家软实力的媒介、获得国家声誉的引擎以及与外部世界相连接的桥梁。当前，我国体育的发展重心已逐渐由竞技体育转向全民体育，实现个人自由而全面的发展，培养"完整的人"已经成为我国最重要的教育目标和方针，而体育作为实现人全面发展的教育构成要素，必然有其时代内涵。因此，分析体育的内涵也必然要从实现人的全面发展的基本目标出发。

"人的全面发展"理论在马克思主义理论中占据着重要的地位。在这里，马克思将体育看作体育学校和军事训练所教授的东西，认为体育应该同智育、技术教育一道成为教育的重要内容。马克思还曾将"人的全面发展"理论与马克思主义劳动观进行结合并形成了马克思主义的体育观念。

在实现人的全面发展层面，体育可以与智育相结合，脑力劳动和体力劳动相联结，不仅是提高社会生产和劳动能力的重要源头，也是实现人全面发展的重要方式。综上所述，无论是以"Physical Education""Gymnastics"为中心，把体育看作以体格训练、身体培育为主要任务的教育项目；还是以"Sport（s）"一词为理念，把体育当作以"身体教育"为基础的竞技性的"体育运动"，抑或是认为体育是提高社会生产和劳动能力的重要源头，是实现人全面发展的重要方式，都无一不体现着体育本身的多样性和复杂性。但可以肯定的是，体育作为有目的的对象化活动，作为长期演变而形成的社会文化现象，是人类不可缺少的社会活动。体育以人体发展规律为依据、以身体和智力为载体，在增强体质、提高生活质量、实现人的全面发展等方面起着至关重要的作用。随着社会的不断发展进步，体育的内涵和外延也将不断发展变化。

（三）体育教学的概念

体育教学的上位概念是"体育教育"，指一种以身体活动为手段的教育，英文 Physical Education 直译为"身体的教育"，简称"体育"（PE）。随着当代国际交往的不断扩大，体育事业的发展规模和技术水平已成为衡量一个国家、社会发展进步的重要标志，被视为外交活动和文化交流的重要手段。按照现代体育理念，可将体育分为大众体育、竞技体育、学校体育、传统民族体育等多种类型，涉及体育文化、体育活动、体育教育、体育组织、体育竞赛、体育设施、体育经济、体育科学技术等诸多要素。虽然世界范围内的体育教学古已有之，但体育只有在现代社会条件下才得以迅猛发展。半个世纪以来，以微电子技术为核心的信息技术在第三次科技革命浪潮的推动下迅速发展，一大批新材料、新技术、新能源和生物工程的相继应用正将人类从工业社会推向信息社会。这一根本变化不但有力地推动了社会生产力的跨越式发展，而且大大加快了人们的工作、生活节奏，但同时为人类社会带来了积极与消极两个方面的影响。在积极方面，闲暇时间的增加使人类获得了更多福利与方便，生活条件大为改善，生活质量不断提高。在消极方面，随着机械化、电气化、自动化与智能化程度的不断提高，社会大众的工作环境日趋紧张，不断增加的工作、生活压力给人类身心健康带来的种种危害正日益明显。20 世纪 70 年代，联合国教科文组织针对"现代教育"这一理念提出适应社会发展和培养所需人才两大要求，强调健全的体魄、高尚的道德情操、丰富的科学文化知识三大要素。这一理念首次将"体魄健全"引入人才评价体系，将其作为"三育"（德育、智育、体育）的首要标准。2020 年 4 月 21 日，习近平总书记在陕西省安康市平利县老县镇考察调研时倡导广大中小学生"文明其精神，野蛮其体魄"，强调了体育教学在教育体系中的重要作用，引起社会各界对体育教学的广泛重视。体育教学作为体育教育的子位概念，既是全面发展中学生教育的有机组成部分，又是一个特征鲜明的教学过程。目前体育理论界基本遵循教育理论界定义的体育教学概念，对体育教学活动特点所做的界定强调了教师和学生在体育教学过程中共同参与、教与学的统一。具体来说，包括多种观点：①体育教学是在体育教师和学生的共同参与下，体育教师通过适当的方法指导学生掌握体育卫生保健知识、基本运动技术和技能，旨在增强学生体质、培养体育能力和良好思想品德的一种有组织的教育过程；②体育教学作为教与学相统一的活动，是学生在教师有目的、有计划的指导下积极主动学习并掌握体育卫生保健基础知识和基本技术，强调锻炼身体、增强体质、促进健康、发展运动能力、培养思想品德教育的一种教育过程，是实现学校体育目标的基本途径之一；③体育教学是以体育教学内容为中介，以学生身体实际参与为特征的师生双边活动。同时，我国学者围绕体育教学形成了以下几种观点：一是强调体育教学的双边性；二是强调体育教学的教育性；三是强调体育教学的技能练习。基于上述理论进行分析，笔者认为，体育教学是体育教师在课堂教学过程中向学生传授体育知识技能，培养学生体育道德品质、体育精神风貌、终身体育锻炼习惯，持续增强学生体质的过程。体育教育属于复合型教育，与之相应的体育教学则是一种促使学生身心健康、协调、和谐发展的综合教学。

三、体育教学的特点

（一）有效性

体育教学的有效性是指体育教学达成高效的教学效果所表现出的关键属性与特征，通过合理安排体育教学内容、充分调动学生的学习积极性、科学计算运动量等手段，使学生通过体育教学在知识、技能和身体素质等方面获得发展与提高，在体育课堂教学中实现最大收获。

在不同水平阶段，学生不同的生理特点和迥然不同的心理特征决定了其对体育活动具有不同需求。即使在同一水平阶段下，学生在身体条件、心理个性、兴趣爱好和运动技能等方面也存在一定个性差异。体育教师在选择教学内容之前，需要全面了解学生对体育的兴趣、爱好、态度和每个学生的个性心理特征、实践能力。在同一授课内容框架下，体育教师应针对不同学生提出差异性目标要求，科学分解、合理分级教学内容后供学生自行选择练习，不必苛求每位学生都达到最高标准。在确保每位学生身心健康、安全受益的前提下，体育教师应做到因材施教与循循善诱相统一。

此外，灵活运用教学方法是体育教师提高体育教学有效性的关键所在。面对五花八门的教学方法，体育教师应坚持"教无定法，贵在得法"的理念，着眼于充分调动学生的学习积极性，努力营造良好的教学氛围，灵活机动地调整教学方法，尽力使体育教学更为有效。基于这些分析，体育教学有效性的实现需要综合考虑体育教师素质、学生发展效果、教学环境搭建、体育教学系统优化等多方面因素。

（二）科学性

科学性是学校所有课堂教学的共性，也是所有教学都应具有的最基本的特性，它是确保所传授知识正确性的前提和基础。它包括对课堂教学认识的科学性、课堂教学准备的科学性、传授的知识和技能的科学性以及课堂教学方法、组织形式、教学评价等各个方面的科学性。体育教学的科学性体现在教师和学生对体育课堂教学的认识是科学的，教师传授的体育知识和技能是科学的，教师对体育课堂教学的准备和结构设计是科学的，教师选择和运用的教学方法、教学组织形式是科学的，教师对学生的教学评价是科学的，教师和学生的教学反馈是科学的等方面。

（三）实用性

实用性是所有学校课堂教学理论联系实际的体现，它不仅是学生学习知识的最终目的，也是教育的根本意义所在。体育教学是学生形成自己的体育特长、培养终身体育意识的重要途径。体育课的课内教学是课外锻炼的导向，课外锻炼是课内教学的延伸。体育教学的实用性体现在通过丰富多彩的体育课活动，激发广大学生参加课外体育活动的积极性、主动性，以期学生能够形成终身锻炼身体的意识，并根据自己的身心特点，创造出适合自己的体育锻炼活动。

（四）娱乐性

将教育与娱乐融为一体，使人们在娱乐中受到教育，是学术界一直倡导的教育理念。随着高等院校体育教学的发展，传统体育教学模式从根本上已经无法满足高等院校学生的需求。体育拓展游戏，将娱乐元素融入大学体育教学，体现了体育教学的娱乐性，不仅符合新时代大学体育教学的根本需求，而且能够满足新时代大学生的心理和生理要求。与此同时，体育教学的教育内容的丰富性、形式的多样性，可以有效地增强教学的娱乐性，从多方面提升学生在体育课上的满足感和幸福感，最终达到降低体育课的枯燥程度，发展学生的智力和体力，增强学生的团队意识的目的。

（五）延续性

延续性，即可持续性，它突出强调的是发展，是一种可以长久维持的过程或状态。体育课的延续性所指向的是体育教学的可持续性甚至终身性。可持续性教育强调关注个人的意识、能力、态度与价值观的发展，努力实现学会认知、学会生活和学会生存的教育目标。高校体育教育，就时间而言，是我国学校体育教育整个系统的末端环节，它不仅起到促进高校学生掌握终身体育知识和终身体育技能的作用，而且能更好地促进高校学生树立终身体育意识，最终养成良好的终身体育锻炼的习惯。

第二节　体育教学的本质与功能

一、体育教学的本质

在明确了体育教学的内涵之后，我们需要对体育教学的本质进行考察。体育教学能自立于世，必定有其独特的意义，也必定是与其他概念相区别的。无论是从外因到内因、从逻辑到判断、从现象到本质，体育教学都因其特有的性质，自成系统和范畴，并形成了独立的运行规律。深入分析体育教学的本质，不仅可以将其与其他教育相区分，而且可以更准确地理解体育教学在教育中的重要价值。体育教学的本质包括以下几个方面。

（一）体育教学对个人体育的发展具有基础性意义

体育是个体主动改造身体机能的方式和手段，学校作为实现体育功能的主要阵地，必须在实践过程中发挥基础性作用。通过体育教学，学生可以掌握基本的体育技能，养成良好的体育意识和体育素养。虽然体育技能的培养效果会受到先天身体素质的影响，但更重要的是个体后天身体行为的模仿和训练，而体育教学就发挥着促进学生后天身体改造的作用。体育教学不仅能为学生未来的发展提供原动力，而且有助于学生树立终身体育锻炼理念。所以，体育教学通过学校这一基础性的媒介对个体体育的发展具有基础性意义。同时，体育教学的基础性意义还表现为其对国家体育事业具有的基础性意义。体育教学的实施和运行关乎整个国家体育的普及，是实现国家体育事业发展的关键要素。学校作为人才培养最核心、最基础的场所，不仅满足了学生身体素质和体育技能的提升需要，还能为国家提供全面发展的高质量体育人才，为国家竞技体育、大众体育、军事训练等培养后备人才。

（二）学校教育的本质属性揭示了体育教学的教育性特征

虽然体育教学是以体育为基点开展的教育实践活动，但也是以学校教育为目的的活动。体育教学是学校教育的重要组成部分，是学校教育实践的重要手段和内容，在促进学生全面发展、推进素质教育实施、培养新时代合格人才等方面发挥着关键作用。体育教学与学校智育、德育、美育一道在学校育人方面承担着重要的责任。体育教学的培育目标不同于大众体育的休闲性和竞技体育的竞争性，它所培育的是全面发展的人。体育教学开始于"育体"，旨归于"育心"，身体的训练只是体育教学的表层含义和外在特征，培养完整的人才是其真正的价值所在，但无论出于什么目的，最根本的还是其教育性。

（三）体育教学在学校这一特定的场域之中，必然会受到一定的约束和规范

在学校这一空间里，体育教学带有很明确的计划性、目的性。为了保证国家教育目标和方针的实现，体育教学在实施过程中有设置严格、符合学生身心发展规律的课程内容，会配有特定的教师团队，并设置了制度化的评价和管理体系，同时教学的实施会遵循一定的教育法律法规，学校也会根据体育教学的工作要求，在教育经费、组织实施等方面提供保障。体育教学相较于群众体育来说，在目标上更加明确，在内容上更加具体，在实施过程中更加规范，在手段上更加科学。可以说，体育教学在运行上具有严格的系统性和组织性特征。

二、体育教学的功能

体育教学的功能主要分为强体健心、人际交往、品德培育、经济助力四个维度。

（一）强体健心功能

健康体现在身体、心理和社会适应三个方面。强体健心功能主要表现在两个方面：一方面，体育满足促进人们身体健康的功能，因为体育运动带来的身体的变化是个体可以直接感受到的，通过体育运动可以增强体质，增进健康，提高身体的免疫力以及对疾病的抵抗能力，同时可以满足人们减肥的需要、促进体型的优化等，这是体育促进身体健康的价值；另一方面，体育运动可以满足调节心理压力、增进心理健康的需要，体育运动主要是在室外进行，开放的空间可以使人得到放松，主要表现在通过体育运动可以让人释放压力，获得快乐，调节产生的不良情绪。

（二）人际交往功能

对学生来说，因为所处的环境和认识的人的有限性，其社会交往能力有待提高。由于体育教学的特殊性，室外体育课开设较多，在参与体育运动时，学生的人际交往能力可以得到提高。在体育教学中，在相对开放的空间中，学生的活动不会受到拘束和限制，学生可以在运动中相互交流和沟通，促进相互之间的理解，

产生情感，进而成为志同道合的朋友。因此，体育教学可以满足学生社交的需要，在这个过程中，学生锻炼了自己的人际交往能力和与人沟通协调的能力。

（三）品德培育功能

体育精神是所有体育人共有的精神财富，人本精神、公平竞争精神、英雄主义精神、团队精神构成了体育精神。其中，人本精神主要是指体育对人独立人格的塑造、人强调自主发展和自我完善的追求、享受在运动过程中获得的快乐和塑造的自信，以及在体育运动过程中形成的对别人的尊重和理解等；公平竞争精神主要是指在体育运动中遵守比赛规则、做到诚信、不采取非法的手段、有创新精神；英雄主义精神主要是指在体育运动中不抛弃、不放弃，勇于挑战困难，有奉献的精神等；团队精神主要是指团结成员，凝结为一个整体，不搞个人主义等。体育品格主要包括要在体育运动中做到讲文明懂礼貌，要和队员、对手和裁判相互尊重，面对比赛结果不骄不躁，要勇于承担起自己的责任等。大学生可以在学校体育运动竞技过程中培养坚强意志品质，养成团结协作精神，树立遵守规则的意识。体育教育属于学校教育的范畴，是教育的重要组成部分，是培养全面发展的人的重要途径。从体育对个人创造的价值来看，体育教学对学生的品德培育具有重要的意义。

（四）经济助力功能

体育作为经济发展的促进点，对社会经济有重大的贡献。一方面，体育运动可以提高学生的体力和智力，可以促进脑体结合，为人类的创造性活动提供广阔的空间。另一方面，近年来由于人们对身体健康越来越重视，越来越多的人投入类型丰富的体育运动，也促进了与体育有关的体育产业的兴起。以体育健身产业为例，当前城市中健身房的密度不断增大，尤其是在大学、写字楼周边，都有专业的健身场所，大学生、年轻白领是健身房的主要消费群体。除了实体健身产业之外，在线健身也成为一种热门的体育经济形式，"Keep" App 的发展就可见一斑，在我国 4 亿健身群体中，就有 70% 的人知道这个 App，2021 年其会员用户已经达到 4000 万以上。体育产业作为我国新的经济增长点，它对经济发展做出了巨大贡献，体育产业的兴起、体育消费的增加、体育场馆的建设和体育用品的消费支出，均助力于我国的经济发展，这是体育对社会需要的满足，社会发展需要体育类新型产业的支持。

（五）文化政治功能

体育的文化建设价值主要体现在体育对人类文化交流和发展的价值。体育是文化的一个部分，自身有着丰富的文化内涵，各国之间比赛的交流，其深层次上是文化的交流，通过体育运动可以更好地向外国传达中国文化，这是国家对体育在文化政治上的需要，是体育创造的价值。如 2022 年北京冬奥会上，中国体育代表团以奖牌总数 15 枚的成绩位列奖牌榜第三，实现了冰雪运动竞技的历史性突破。2022 年北京冬残奥会上，中国体育代表团更是在金牌榜、奖牌榜上都位居第一位，中国冰雪运动项目优势已经显现，冬残奥冰球队更是第一次参赛就获得了奖牌，无论是参赛成绩还是参赛精神都值得称赞。事实上，冰雪运动竞技实力的提升不仅仅表现在获得的奖牌数量上，竞技项目的格局变化也彰显了实力的变化。

第三节　体育教学的基本原则与规律

一、体育教学的基本原则

（一）坚持"健康第一"教育原则

党的十八大以来，"健康第一"教育理念在国家政策文件中积极运用。党的二十大把"推进健康中国建设"放在了重要的位置。新时代高校"健康第一"教育理念要着重突出学生的主体地位，牢牢把握"健康第一"这个中心任务，把实现好、维护好、发展好广大青少年学生的体质健康作为高校体育工作的出发点和落脚点，充分体现以人为本的情感关怀和健康教育的人文理念。高校体育教学应有全员育人、全程育人、全方位育人（三全育人）的体现。要想培养新时代全面发展的学生，高校体育工作的政策体系、教学改革、评价体系、推进机制等各方面均应围绕"四位一体"目标进行，强调德智体美劳全面发展，"五育"并重，落实"立德树人"根本任务，体现三全育人的价值，展示"以体育人"的思想，要让学生能在学校体育中享受运动乐趣、强体健身、锻炼意志品质、健全自身人格。

体育教学可以丰富学生的课余生活、提高学生的技能水平，不仅要贯彻落实"健康第一"教育理念，还要引导高校学生牢记这一教育理念。

2016 年，《"健康中国 2030"规划纲要》将健康教育纳入国民教育体系；

自 2018 年始，教育部已连续六年开展"师生健康 中国健康"主题健康教育活动，在全国校园倡导"健康第一"理念。全国高校陆续做出积极响应，如，北京大学把健康教育融入学校教育、教研、教学各环节，满足师生对健康的多元化需求，提高健康教育教学质量和学生健康素养。

（二）坚持中华体育精神培育原则

在现有的体育教学中，应该把体育精神培养更加明确化，贯穿体育教学整个过程。精神是描述有智动物特别是人类的内在现象的名词。精神如同黑暗中的火种，给人指明方向的同时，给人带来生存的希望。它以多种形式外显于形，引领人类文明的进步，给予人类不断前行的动力。中华体育精神是中国体育的核心和灵魂，从时间上看，儒家、道家、佛家强调修身养性。儒家代表人物孔子，以"礼""仁"为指导思想融入传授弟子射箭的"射技"，以"技"养性。道家强调道法自然，提倡养生与身体健康的一致。佛家强调修心，与体结合，发展佛教武术，凸显内外兼修的特点。随着社会经济的发展，又开展了角抵、围棋、投壶、蹴鞠、赛龙舟等一系列强身健体又具备娱乐性的体育活动，丰富了人们的生活，满足了人们的文化和精神需要。鸦片战争之后，中国在国际上被扣上"东亚病夫"的帽子，体育被时代赋予鼓舞国民、强身健体、强国救国的重要使命。中国共产党成立初期提出发展体育事业为革命培养战斗力量的体育观。新中国成立初期，进一步明确，为提高国民体质，必须通过体育锻炼提高人民身体素质。体育作为对外交流的重要手段，改变了中国人"东亚病夫"的孱弱形象。精神是旗帜，是催人奋进的动力源泉，岁月荏苒，但中华民族精神历久弥新，新时代，我们应该将中华体育精神融入以爱国主义为核心的民族精神和以改革创新为核心的时代精神，树立正确的价值取向、思想观念、精神风貌，形成以爱国主义为核心的勤劳勇敢、知难而进、一往无前、艰苦奋斗、淡泊名利、无私奉献、勇于创新、健康自信的中华体育精神。

（三）坚持多元开放融合原则

体教融合是体育与教育的融合，应注重体育部门与教育部门之间的沟通、交流、协作，整合资源，共享共用，一体化推进体育与教育相融合。高校在培养学生体育素养的过程中，不能以单一的运动知识和能力培养为主，在学校体育工作中，会涉及方方面面，教师不仅需要卓越的专项技能，还要掌握学生的心理生理发展规律、体育教育科研能力、裁判员技术、体育比赛组织能力、突发事件现场急救能力等。教师应拓宽视野，寻求全方位发展，加强体育教学与校园内各学科、各部门之间的合作，加强与各社会组织之间的合作。新时代的体育教学充满挑战性、专业性，要想脱颖而出，必须实现多元化融合。

（四）坚持以人为本的原则

随着以人为本理念在教育领域研究中的不断深入，以及国家关于体育教学要求的不断改进，体育教学在未来的发展中应当符合国家总体的教育方针，能够切实满足社会、人民的总体需求。在"以人为本"的视角下，体育教学的未来发展方向应该建立在以学生为主体的基础上。青少年健康的体魄是祖国发展的基本条件，只有立足于学生的体育教学才是符合以人为本的发展内涵的。这既是建设体育强国的有效措施，也是提升青少年体质健康水平的现实诉求。要深入贯彻落实"以人为本"理念，以理念助推教学升级。要从设施建设等显性层面做到真正的"以人为本"，也要从教学目标、教学手段、教学评价等实践层面凸显"人"的主体性，更要从认知、态度等隐形层面更新教学理念、激发学生的学习热情，时刻以学生为中心，为其营造更优质的运动环境。

（五）坚持与思想政治教育相结合的原则

高校要严格贯彻上级领导的指示要求，注重学生的思想教育，使学生成为有用的人才。课程的本质就是教育，高校要把思想政治教育与课堂教学结合在一起，推动全员育人、全程育人、全方位育人，形成培养德智体美劳全面发展的社会主义建设者和接班人的大格局，并将之与德育、智育、体育、美育、劳育的"五育"进行有机融合，整合各种资源，统筹协调，共同推进学生的全面培养，落实立德树人的根本任务。

学生的未来发展才是高校教育的根本目标，高校教师要清楚自己所扮演角色的重要职责，明确教育目标。教育的目的是促进学生的全面发展，体育教学具备的理论与实践相结合，重点突出实践运用，注重对学生的思想品德、意志品质、身体素质和运动知识技能的同步培养等课程特点决定了其更有利于对学生进行思想政治教育元素的传导。而高等院校历来都是意识形态工作的前沿阵地，是传播人类文明的重要场所。高校体育教学过程中更需要充分挖掘体育课程中的思想政治教育元素，培养高校教师的道德、师德，进一步整合体育课程的内容，使教师根据体育专业课程的特色，以及自身的教学模式和教育理念，把思政元素与体育教学进行有机融合，在学生接受体育教学的同时用科学、有效的教育方法对学生进行思想政治价值的全面正确引导，进而达到培养新时代中国特色社会主义事业建设者和接班人的教育目的。

将课程思政建设和学校体育改革两个层面统一起来，能够实现互融、互促、互进的教育改革效果。传统意义上的体育教学，没有过多地关注学生的思想政治教育方面，德育方面相对而言渗透不足，原因是受到竞技体育的观念和学生安全第一理念的影响较大，过于偏重体育运动技能的传授和学生安全方面的教学，与新时代教育理念要求存在偏差。体育课程思政理念的提出为高校体育课程"育人"目标的实现提供了有效途径。在学校自身条件的基础上，开展体育课程思政教育，提炼并突出体育课程思政教育的独特优势，将其优势进行有效利用，完善学生思想政治教育层面上的不足，能够使学生全面发展。

二、体育教学的规律

（一）系统论规律

系统论是由美籍奥地利理论生物学家路德维希·冯·贝塔朗菲（Ludwig Von Bertalanffy）提出的，把研究和处理的对象看作一个整体是系统论的思想。整体性是系统论最鲜明的特征之一，系统中的各要素不是单独存在的，而是由相互联系的要素构成整体，各要素组合成整体就具有了单独要素不具有的功能。整体性并不等于各要素的简单相加，而是要大于各要素相加之和。

我国的教育体系是个较大的系统，从纵向上来看，小学、初中、高中、大学四个子系统构成了整体，四个子系统之间既有区别又相互影响，前一阶段是后一阶段的基础，后一阶段是前一阶段的深化。要想实现体育课程内容衔接，就要打破四者的孤立存在，使四者相互联系。四个阶段体育教学的任务环环相扣，但又共同承担着一个任务——使学生通过体育教学掌握体育知识与运动技能。在教学中忽略其中的任一环节，体育课程的整体性功能都会受到影响。从体育课程内容的整体架构来看，教师、学生、课程内容等要素构成了课程内容整体系统，只有各要素处于整体系统中，整体功能的作用才能达到最大，忽略其中任何一方面的内容，系统功能的整体性会被减弱，影响体育课程内容的衔接。因此，系统论规律为体育课程内容衔接提供了理论支撑。

（二）动作发展规律

动作发展跨越人的一生。从儿童至成年，人要执行很多动作，在人的生命周期中，从某个阶段接触动作到开始学习动作直至熟悉动作，是人的一生中体验动作变化的过程。动作技能分为两种，即基本动作技能和特殊动作技能，基本动作技能是常见的跑、跳、投等动作，特殊动作技能应用到实际的运动中，是多个技能的结合。学生要形成专门的运动基础离不开基本运动技能，如篮球，从认知阶段→学生在脑海中形成篮球技术动作表象→掌握基本动作技能→掌握组合技术→攻防对抗，具有一定的规律。因此，学习某一运动技能时要遵从由不成熟到成熟的发展过程，这个过程与不同阶段学生的身心发展特点相吻合，教师在编排体育课程内容时应体现出层次递进性，凸显各阶段体育课程内容的重点，不能只是学习某一个运动技能，要将运动技能由浅入深向更高层次水平发展，同时还不能与学生的实际水平相脱节。所以在体育课程内容衔接中，教师要把握动作技能在形成与发展过程中表现出的由不成熟到成熟的序列性，安排课程内容时利用这些规律突出各阶段体育课程内容的重点。

（三）体育课渗透爱国主义教育

以爱国主义教育为引领，借力弘扬中华体育精神。爱国主义情怀表现为个体对祖国最深沉的爱，从唐代"愿得此身长报国，何须生入玉门关"到现代"一代人有一代人的使命，一代人有一代人的担当"可以得知，一脉相承的爱国主义情怀早已融入了我们的民族基因。当代运动场上肆意挥洒汗水的体育健儿何尝不是以他们的方式在践行着爱国情怀，中华体育精神正式在这些体育健儿身上得到了切切实实的体现：为国而战——许海峰曾射落中国第一枚奥运金牌，实现了中国历史上奥运金牌零的突破；初露锋芒——刘翔在奥运赛场上跑出亚洲飞人的风采；再逢盛世——从夏季奥运会到冬季奥运会，北京已经成为奥运会历史上举办过两届体育盛会的城市，我们的体育文化名片早已成熟地向世界展开；体育大国——我们从 2008 年奥运会"更高""更快""更强"的基础上走来，到今天实现了三亿人上冰雪的庄重承诺；体育强国——今天的我们有信心也有能力，在"两个一百年"奋斗目标实现之时，完成体育强国的建设目标。树立为国奋斗的体育健儿形象，借此传播爱国主义情怀。在大学生的体育教学中，我们必须明确体育健儿是中华体育精神的主要践行者，他们的一举一动无不是中华体育精神的生动写照，当个人的拼搏代表国家的整体荣誉和利益时，个人的荣辱已经并入国家的荣辱，当"小我"融入"大我"，"我"便没了"我"，"我"就变成了冬奥会开幕式上熊熊燃烧的奥运火炬，"我"就成为一击即中奥运赛场上射落的第一枚金牌，"我"就化身为伴随着荣誉而来的鲜花和掌声，"我"就是那奋勇拼搏后的赛场和跑道。"我"可以代表着一切，一切都将成为"我"，身后是祖国，往前是拼搏。

体育健儿的形象是依托爱国主义情怀而设立的，这一形象可以渗透到社会的各个层面。这一鲜明的人物形象，不仅要融入体育教学的课堂，更要编写进体育教学的书本里，运用到体育教学的实践中，全方位、立体式的人物教学更能使当代青年学子记忆深刻。要以大学生为爱国主义教育和中华体育精神弘扬、传承的主要对象，构建家庭、学校、社会三位一体的教育大局。还要提倡树立榜样的力量，已经成年的大学生自己选定的榜样，将会直接影响他们未来发展的走向。这时，就需要发挥学校教育的作用，学校教育需要在课堂上将这部分榜样的信息整合、讲述、升华，使学生准确无误地接收到这部分信息；而后是家庭教育，家庭教育最重要的就是营造良好的学习榜样典型的氛围；社会教育中，全社会要形成宣传、弘扬、推行正能量体育明星的大致基调，以确保各类人士与大学生之间产生学习体育类榜样的良好互动与碰撞。基于此，学校、家庭、社会三方合力最终作用于大学生自身，他们形成的价值理念必定是正向的、积极向上且愿意为之奋斗的。

（四）体育教学的迁移规律

运动技能之间的干扰和迁移在体育教学过程中是一种普遍的现象，在日常教学过程中，迁移是客观存在的事实，运动技能的迁移对运动技能的习得有着或好或坏的影响，一种技能对另一种技能的学习产生了积极的促进作用，则称前者对后者产生了技能的正迁移，若相反，则称其为负迁移。

在学习新技能的过程中，学习者是主体，发挥主观能动性，从多个方面影响着技能之间的迁移，学习者智力的高低对技能迁移的质和量都存在着重要的作用。美国心理学家爱德华·李·桑代克（Edward Lee Thorndike）于 1935 年对有关学科的迁移价值进行了研究，发现智力高的学生，迁移效果明显。智力是一个人的知识概括能力、分析能力和推理能力等多种能力的集合，智力高的学生相比于其他学生更容易发现两种技能存在的共有属性和规律，易于总结和运用。智力受到年龄的制约，年龄不同的个体处于不同的智力阶段，学习中迁移产生的条件和机制有所不同。除了智力和年龄外，学习者对理论知识的储备和自身的运动经历都影响着技能之间的迁移，理论知识的储备能加深对动作的领悟，结合自身的运动经历可以达到事半功倍的效果，理论知识储备结合技能储备，对动作的学习就能去难度化，某些技术也需要身体素质的储备，将其结合起来，能够建立自己对动作的认知，提高认知程度，有利于发现动作之间的联系。学习者对技术动作的分析概括能力也影响着技能之间的迁移，分析概括能力强的人能很快找到新旧技术之间的联系，通过这种联系对新技术进行学习，往往能做到举一反三。

1. 迁移规律在指定学年或学期计划时的运用

指定学年或学期计划时，除了贯彻教学大纲的统一要求外，还要注意教材分布的纵横关系。在教材的纵横关系中，就要考虑迁移的问题。纵的教材关系，如进行标枪教学时，先教原地投掷，再教上步投掷，然后教助跑投掷。因为上步和助跑投掷的握枪、引枪、最后的用力到出手这些动作的基本环节和原地投掷相同，所以教后两种投掷时，教师只需把上步或助跑的技术与原地投掷技术连贯起来就行。在学习与原有动作结构相似的新动作时，人的大脑皮质已形成的基本环节或附属环节的运动条件反射即可作为新的动力定型的基础，在学习新的动作时，人们只需补充一些基本环节或附属环节的运动条件反射，新的动力定型即可形成。因此，指定学年或学期计划时，教师应尽量在回忆旧知识的基础上引出新的知识技能，将具有共同因素的教材内容合理地安排在一起并贯穿联系起来，这不仅可以使学生复习旧的技能，同时还能使学生更好地理解和掌握新的知识技能。

2. 迁移规律在教学中的应用

第一，讲解、示范中的比喻与启发。在教学中，教师采用生动形象的教学语言，不仅能够启发学生的积极思维和想象，而且能使学生加深对教材内容的理解。例如，学习前、后滚翻技巧动作时，教师可以用球做比喻，启发学生要低头、团身、屈膝使身体接近圆球形，才能像球那样进行前、后滚动，从而使学生心领神会，加深对动作要领的切身体验，加快对新技术的掌握。

第二，组织诱导性练习。一是模仿练习的运用。教师可根据相似的刺激物可以引起雷同反应的原理，组织适当的模拟练习促使学生产生正迁移，诱导学生逐步学习并掌握教材。例如，在铅球教学中，从徒手原地正面推铅球动作到徒手原地准备姿势（踏、转、挺、推、拨）的最后用力再到滑步推球的模仿练习，对诱导学生逐步掌握正确的推铅球技术很有帮助。其生理机制是通过模仿产生迁移，诱导学生学会并掌握教材。二是分解练习的运用。为简化动作的掌握过程，教师在教学中常常把完整的动作合理地分成几个部分，然后引导学生按部分逐次练习，最后完整地掌握动作。例如，在进行排球正面上手传球教学时，首先可先进行传球手形的练习；其次进行正确击球点的练习；再次进行距伸迎拨协调用力动作的练习；最后将以上三种练习串联起来，使学生完整地掌握正面上手传球的动作要领。每一个分解练习都会产生痕迹效应。如果学生能正确、熟练地掌握每一个分解练习，则分解练习过程中产生的迁移就能使学生获得良好的学习效果。三是辅助性练习的运用。辅助性练习是指为发展某种动作所需的身体素质的练习。体育教学中，为使学生更快、更好地学会某项技术而选用一些辅助练习来发展该项技术所需要的身体素质，确实有利于素质和技能迁移。例如，在推铅球教学中，为提高铅球出手的初速度，必须发展学生推球的力量，因此教师常常选用一些臂力、腕力、指力的练习，如俯卧撑、俯卧撑推手、俯卧撑击掌等，以锻炼学生掌握技术所需的力量素质。

第三，充分利用学生已有的知识、经验促进学习的迁移。教师要选择学生生活中较为熟悉的动作概念，对学生进行生动、形象的诱导。由于学生对这些动作、姿势印象比较深刻，因而容易接受和体验，如学习前滚翻时，教师可以用"篮球滚动"来启发学生；要求起跳腿快速踏离地面时，可用"赤脚踩在滚烫的铁板上"的比喻来提示。教师的语言应简练、准确，以便学生回忆。由此可见，迁移总是以先前的知识、经验为前提的。有关的知识技能掌握得越多，越容易举一反三，触类旁通。

第四，使学生保持良好的心理状态，促进技能的迁移。教师要针对不同学生的不同气质类型进行心理教学，针对好胜心强的学生可用"激将法"；针对性格内向的学生则多运用心理暗示，使他们产生强烈的学习欲望，从而有利于加快其运动技能的迁移和巩固。因此，教师在整个教学过程中应帮助学生形成有利的心理状态，并消除不利的心理状态。

总之，迁移是体育教学中普遍存在的规律，每一位体育教育工作者都应自觉地认识和合理运用迁移规律，使学生在学习动作时收到事半功倍的效果，从而提高教学质量。

第三章 体育教学改革的发展历程、现状与发展前景

体育教学是学校教育工作的重要组成部分，是培养全面发展的体育人才的重要手段。随着社会的进步与科技的发展，体育教学应加快改革步伐，充分运用现代化手段进行一系列改革创新，运用创新思维对体育教学中的问题进行分析与解决，从而促进体育教学质量的提高，使现代体育教学更加适应信息时代对现代化人才的需要。本章分为体育教学改革的发展历程、体育教学改革的现状、体育教学改革的发展前景三个部分。

第一节 体育教学改革的发展历程

一、国内体育教学改革与发展的进程

（一）自主探索阶段

新中国成立以后，逐步完成社会主义改造，实现了从新民主主义社会向社会主义社会的转变。要想更好地促进国家经济发展和社会主义现代化建设，必须提高全体人民群众的身体素质，特别是广大青少年的身体健康水平。因此，我国出台了许多鼓励学校体育发展的政策措施，学校体育因此得到初步发展。

1949—1956 年，我国对学校体育政策做出了初步探讨。1953 年，《高等学校招生健康检查办法的联合通知》中明确将身心健康作为招生录取的条件之一。一系列学校体育政策明确了学校体育教学的目标与任务，为促进学校体育教学的改革和发展打下了基础。1956 年，原高等教育部根据苏联时期学校体育教学大纲的规定，制定了全国统一使用的《高等学校普通体育课教学大纲》和《体育课教学参考书》。

1956—1966 年，是学校体育政策的曲折成长阶段。中国学校体育在这个时期的发展受到政治环境、社会经济环境等因素的影响，尽管它经历了曲折的发展历程，但从整个中国学校体育的发展历程来看，仍有着极其重大的阶段性意义。1961 年，中共中央批准试行的《教育部直属高等学校暂行工作条例（草案）》将学生拥有健壮的体魄作为高校体育教学的最基本任务，并且对高等学校体育教学工作提出了相应的规范化要求。

在艰难发展阶段，我国经济社会发展处于停滞甚至倒退状态，学校体育也处于被忽视的状态。1975 年，《国家体育锻炼标准》的宣布实施促使全国大、中、小学校体育教学实施部分改革，也标志着我国的体育政策开始走向正轨。

综上，在自主探索阶段，我国政治、经济和社会发展都处于探索阶段，主要是学习借鉴苏联经验，学校体育政策也不例外。这一阶段的学校体育政策确定了学校体育的基本任务、发展目标等，为学校体育教学的发展与改革指明了方向，为以后的学校体育政策改革和完善奠定了基础，而缺点则是忽略了学生个体发展。

（二）改革发展阶段

1977 年，学校教学秩序逐步恢复，学校体育教学也迎来了快速发展的"春天"。但是，学校体育政策很难在短时间内得到恢复，体育教学秩序也很难在短时间内得到调整，导致学生身体素质普遍下降。恢复正常学校体育教学秩序，培养体育教师，完善体育设施，提高全国学生的身体素质，已成为当务之急。为解决上述问题，国家有关部门颁布了一系列政策文件。

首先，必须重新定义学校体育教学的指导方针与任务，20 世纪 70 年代后期，我国高等院校体育工作逐步得到了恢复，地位与意义也再次被明确。1978 年，教育部等有关部门联合印发了《关于加强学校体育、卫生工作的通知》，进一步规范了高等院校体育专业教学计划，并对做好课外体育活动的组织领导提出了相应要求。同年 9 月，教育部在新时期学校的主要工作任务以及学校过去 10 年的经验总结的基础上，重新颁布了《全国重点高等学校暂行工作条例（试用草案）》，提出学校体育课必须使学生全面了解科学的运动方式和知识技巧，以提高学生体质，这也是这个阶段针对学校体育教学活动的指导性文件。

1979 年 10 月，国家体委、教育部联合发布《高等学校体育工作暂行规定》，对高校体育教学、课外体育活动、体育场地与器材、体育教师、运动队管理等方面都进行了具体规范，要求高校体育教师每学期要上 16～18 周、32～36 节的体育课，要求学校达到为每 120 ～ 150 名在校生配置 1 名体育教师，还要划拨一定的经费用以维护学校体育设备和场馆设施等。

1983 年，国家体委印发《关于进一步加强学校体育工作的意见》，明确学校体育工作目标和阶段性要求，提出学校要配合好教育部工作，将学生每天 1 小时体育活动的政策要求贯彻落实。该政策不仅进一步明确和巩固了针对体育教学工作的法律法规体系，并逐渐将其纳入法制化进程，使学校体育教学工作逐渐得到规范。

1990 年《学校体育工作条例》的颁布和施行使增强体质、增进健康的主导思想再次得到确认，增强学生体质、增进学生健康作为学校体育的首要目标，已逐渐取得共识；随着思想的解放及认识的深入，快乐体育、终身体育、成功体育等多种学校体育教学思想也相继出现。由于认识不断深入，人们对学校体育的结构功能与体育教学的结构功能也有了新的看法，明确了体育教学与学校体育在过程、任务、内容及评价等方面的差别，促进了学校体育教学实践的发展。

1992 年教育部印发了《普通高等学校体育课程教学指导纲要》，将体育课的教学目标确定为通过科学的体育教学过程和体育锻炼过程，使学生增强体育意识，具有体育能力，养成体育锻炼的习惯，受到良好的思想教育，成为体魄强健的社会主义事业建设者和接班人。同年，对体育教材的内容设计和时间安排、体育教材选编原则和特点、体育课教学评价、体育教学活动监督管理等方面做出了具体规定，对于进一步规范我国学校体育教学具有非常重要的意义。

综上，在改革发展阶段，我国面临的是百废待兴，改革旧体制、创建新机制的局面，学校体育教学也不例外。在这一阶段，学校体育政策的主要任务是使学校体育回到正常发展的轨道上，对学校体育教学的改革与发展产生了较大影响，表现在运动场地设施的配置、体育教师的培养、体育课时的规定等方面。此时，学校体育政策的价值取向是拨乱反正，促使学校体育回到正常发展的轨道上，而存在的局限性主要是对青少年体质健康的关注较少。

（三）全面创新阶段

2000 年，随着社会主义市场经济体制的基本形成，我国经济也步入了高速稳健增长的时代。同时，在新发展理念指导下，积极采取措施促进学生全面发展，为健康中国和人才强国战略目标的实现奠定基础。而青少年学生的体质健康水平却呈现持续下降的态势，特别是部分地区的学校安全事故频发，这阻碍了我国经济发展和教育水平的提高。学生体质健康已经引起我国各级政府的高度重视，为此国家颁布了一系列的学校体育政策。

首先，明确学校体育政策的指导思想和任务。在新阶段，国家陆续出台的《中华人民共和国教师法》《中华人民共和国教育法》《中华人民共和国体育法》《中华人民共和国高等教育法》等法律，为规范学校体育教学和管理工作提供了保障。2005 年发布的《教育部关于进一步加强高等学校体育工作的意见》为提高学校体育工作科学管理水平提供了政策依据。2014 年，教育部发布了《高等学校体育工作基本标准》，为进一步贯彻落实立德树人的根本任务，切实做好高校体育管理，制定了更加细化的管理规范。

其次，对学生身体健康的关注度逐步提高。2002 年，《学生体质健康标准（试行方案）》正式实施。随着该政策的出台，相关部门认识到影响学生体质健康的因素是活动内容、教育体制以及安全问题，并且提出了从学校、家庭、学生等方面出发进行解决的相应措施。2007 年，发布《教育部 国家体育总局关于实施〈国家学生体质健康标准〉的通知》。同年，《中共中央 国务院关于加强青少年体育增强青少年体质的意见》等文件，就进一步增强青少年体质提出指导性意见，为青少年体育教学工作指明方向。2014 年，教育部印发《高等学校体育工作基本标准》，明确提出学生健康水平连续 3 年明显下降的普通高等学校，将无法获得合格等级。同时，相关部门通过对现阶段我国学校体育教学发展现状的了解，就加强教学改革、加强教体结合、提升学生的基本能力、完善综合评价监测制度和组织工作开展五大方面，共出台了 18 条意见。

再次，学校课外体育教学活动的内容更加丰富和多样化。教育部要求相关教育主管部门根据大、中、小学学生的身体特征，积极举办学生室外体育教学活动。2007 年，教育部、国家体育总局、共青团中央联合发布《关于开展全国亿万学生阳光体育运动的通知》，进一步推动全国广大青少年学生积极参加体育锻炼，掀起群众性体育锻炼热潮。为了促进新时代学校体育竞赛体系的不断发展，各级政府和教育管理部门进行了诸多有益的探索。根据中共中央办公厅、国务院办公厅《关于进一步规范大型综合性体育运动会申办和筹办工作的意见》，教育部、国家体育总局、共青团中央将原来分开举办的中学生运动会和大学生运动会合二为一，称为"中华人民共和国学生运动会"（简称"全国学生运动会"），进一步推动了体育教学的改革与发展。

最后，风险防控体系日益健全，体制机制不断完善。国务院、教育部等高度重视学校体育教学工作，但在学校体育教学工作中出现的一些问题，制约了学校体育教学工作的开展，其中一个重要的问题就是运动安全问题。一些学校基于对学生存在潜在危险性的考虑，积极预防学生在进行体育锻炼时造成校园运动安全重大事故，取消了诸多带有显性与隐性危险因素的运动项目，甚至取消了部分课外体育活动。为了破解这一难题，各地对学校体育运动风险防控问题进行了一系列探索，通过设立学校体育运动伤害专项保障基金等方式破解家长怕孩子受伤、学校怕担责的校园体育教学难题。

2002 年，教育部发布《学生伤害事故处理办法》，对学校伤害事故的法律责任认定做出规定，为解决学校体育纠纷提供了法律依据，这在某种程度上实现了为学校体育教学的可持续发展保驾护航。2005 年发布的《教育部关于加强学校体育活动安全防范工作的紧急通知》对教育主管部门和学校在防止学校安全事故发生方面的责任和义务做出明确规定，既规范了教育主管部门的管理行为，也明确了学校的责任与权利。2015 年，教育部发布《学校体育运动风险防控暂行办法》，提出进一步预防和降低学生在体育教学、课外体育活动、体育比赛等方面存在的风险。2016 年，国务院办公厅发布的《关于强化学校体育促进学生身心健康全面发展的意见》指出，建立并完善学校体育运动伤害风险防控体系，为学校体育教学工作的健康有序开展保驾护航，让其没有后顾之忧。

2020 年 10 月，中共中央办公厅、国务院办公厅印发的《关于全面加强和改进新时代学校体育工作的意见》强调政府主导、部门协同、社会参与，健全政府、学校、家庭三方共同参与的学校体育运动伤害风险防范和处理机制，充分发挥三方力量，构建一套辐射面广、有关体育意外伤害的学生复合式保险机制。

2021 年 4 月，教育部办公厅印发《关于进一步加强中小学生体质健康管理工作的通知》，指向强化中小学生"五项管理"之体质健康管理工作，开齐开足体育与健康课程。中小学校要严格落实国家规定的体育与健康课程刚性要求，小学一至二年级每周 4 课时，小学三至六年级和初中每周 3 课时，高中每周 2 课时，确保不以任何理由挤占体育与健康课程和学生校园体育活动，保证体育活动时间。

2021 年 6 月，教育部办公厅印发《〈体育与健康〉教学改革指导纲要（试行）》，提出实现"享受乐趣、增强体质、健全人格、锤炼意志"的改革目标，强化"教会、勤练、常赛"，促进育人目标的达成，以"更新教学观念、优化教学内容、创新教学过程、完善教学评价"为主要任务，从"组织管理、课时保障、师资保障、场地器材"等方面提供组织保障，从"加强对教育行政部门的督导评估、强化学校落实学校体育教学改革的主体责任、注重教师实施体育教学改革的过程与结果、强调学生达成体育教学改革的目标与效果"等方面进行督导评价。

2022 年 4 月，教育部公布《义务教育体育与健康课程标准》，强化了课程育人导向，优化了课程内容结构，研制了学业质量标准，增强了指导性，加强了学段衔接。

上述诸多政策文件，大大减少了学校体育教学改革的后顾之忧，为新时代我国的学校体育教学构建了一套体育运动风险防控体系，并且此体系伴随着学校体育教学改革发展的脚步在不断地成长成熟。

综上，在全面创新阶段，我国经济快速发展，学校体育教学也得到了长足发展，学校体育政策在关心青少年体质健康的同时，还关注学生的生命安全，一系列学校体育政策的颁布和实施，有效遏制了青少年体质健康连续下滑的趋势。这一阶段学校体育政策的主要价值取向是贯彻以人为本的价值理念，坚持人民至上，为促进青少年学生全面发展提供基本条件。其局限性主要是缺乏必要的考核评价机制和监督机制，政策的实施效果很难保证。

二、国外体育教学改革与发展的进程

（一）国外体育教学改革发展历程

亚历山大帝国的建立促进了希腊文化的传播和东西方文化的交流，世界文明中心开始慢慢迁向亚欧大陆和两河流域的城市，这一时期就是希腊化时期。

在希腊化时期，希腊不再具有完全的独立性，而且文化教育发生了重大变化，体育教学不再为军事战争服务，其主要任务是提升学生的身体素质、促进学生的健康发展。中世纪，整个西方社会都受宗教神学思想的统治，因此学校被教会控制着。宗教神学主张"灵肉分家""肉体是灵魂的监狱"，因此教会学校并不重视体育教学。14 世纪，文艺复兴运动在欧洲兴起，人文主义教育观得到了传播与宣扬，社会重新关注起了体育教学。在宗教改革中，新旧两派为了取得民众的支持，都主张实施文化知识与身体并重的教育，学校体育教学因此得到了发展。捷克教育家扬·阿姆斯·夸美纽斯（Johann Amos Comenius）被誉为"近代学校体育之父"，他提出"适应自然"的教育原则，奠定了近代西方教育理论和学校教育的基础。此后，随着生产力的发展，自然科学和社会科学都取得了进步，体育教学的重要价值和作用被越来越多的思想家、哲学家与教育家所肯定，热衷于体育锻炼的人不断增加。

18 世纪，在近代体育理论形成的基础上，一些国家积极推行体育实践，确立了学校体育体制。例如，瑞典在中学开设体育课；德国教育家约翰·伯恩哈德·巴泽多（Johann Bernhard Basedow）创办"博爱学院"，在学校教育中融入体育教育；丹麦中等学校正式把体育列为学校课程……各国逐渐建立了适合本国国情和体育教学发展情况的学校体育体制。

自20世纪以来，世界各国结合本国实际对体育教学进行了不同层面的改革，许多新的体育教学理论被提出，如美国学者托马斯·伍德（Thomas Wood）和赫塞林顿（Hetherington）提出了"新体育"学说。这些体育教学理论巩固了体育教育的地位，促进了体育教学的科学发展。

21世纪，各国都非常重视发展新技术。在这一背景下，体育教学也呈现出以下几个发展特点。

①学校体育教学逐渐重视终身体育教育和休闲体育活动的发展。

②体育教学内容更丰富、更多元，体育的竞技性内容、表演性内容、娱乐性内容都有涉及。

③体育教学形式和方法不断增加，体育教学手段取得了重大的进步与发展，电化教学等新教学手段在调动学生主动性方面发挥了重要作用，且受到了高度重视。

④体育教学评价更加科学化，体育教育管理制度更加规范化。

总之，在新的历史时期，体育教学在不断发展、创新及完善。

（二）国外典型国家体育教学改革发展及其特点

1. 美国体育教学改革发展及其特点

美国是最早开始检测学生体质健康情况的国家，早在1950年以前，美国学生体质健康问题并未浮现，但美国学者克诺斯·韦伯（Kraus Weber）对美国、意大利、瑞士等几个欧洲国家的学生进行指标测试和比较，发现美国的儿童体质健康水平明显低于欧洲其他国家。2012年，随着"总统青少年健身计划"的落定，美国自此步入以终身健康理念和健康方式为重点的新时期。

早期美国政府采取的大量政策措施与所获效果为其他国家相关问题的处理提供了方向。有学者表明，应该把预防疾病和治疗疾病放在同等重要的地位，而进行体育锻炼活动和获取健康相关知识是预防与治疗疾病的重要手段。尽管美国是经济最发达的国家之一，其教育经费支出也极高，但学校的教育经费不多。美国青少年的体育活动有来自社会各方面人士与组织团体的资金支持，如洛杉矶奥组委成立的LA84基金会曾赞助了300多万名青少年，支持受益人参加体育活动。也有学者关注到青少年的体质问题，如相关学者通过研究提出，药物与饮食控制，再加上积极参与体育活动，可以达到降低肥胖率的目的，并且能够减少由肥胖导致的健康问题的出现。

作为体育强国的美国，其体育实力不容小觑。美国也是世界上高校体育教育开展最好的国家之一，它有其独特的体育教育教学体系。美国高校体育教学充分体现了"以学生为中心"，充分考虑了学生的健康发展。

（1）重视身体健康的体育教学理念

在美国，高校高度重视学生的身体健康，尤其重视健康体适能教育。研究表明，美国高校普遍重视体育理论课，将其放在与实践课同等重要的位置，并设置了相对应的学分，超过 70% 的高校要求学生学习体质健康理论知识。美国高校体育健康理论包括运动人体类、健康体适能、健康的生活方式、安全教育等，授课的形式主要包括课堂教授、线上授课、理论结合案例等灵活授课方式。高校普遍将"健康生活方式"或"健康促进"列入体育教学指导思想和教学目标，包括常青藤盟校在内的许多高校都积极倡导"运动是良药"的健身理念。健康教育理论课能够从根本上提高健康在学生脑海里的重要性，使学生从思想观念上重视体育活动，从而参与体育锻炼，这也充分体现了理论联系实际的理念。

（2）灵活自由的体育教学模式

美国高校将体质健康理论课和体育实践课同时作为体育必修或选修课，并设置了相应的学分。学生要在认识身体健康的同时参与体育活动，在体育项目的选择上，除了传统的足篮排等项目，美国高校还增加了很多民间项目和新兴项目，如舞蹈、水上项目、单人或双人项目等供学生选择，旨在充分满足学生的体育活动需求。此外，美国高校体育课还与其他学科内容相结合，如"跑遍美国"，就是将长跑运动和地理学科结合起来，学生在跑步的同时能够了解美国的地理形态，不仅增强了体质，而且丰富了其他学科知识。

美国高校体育社团形式多样，内容也丰富多彩，涵盖了各种体育项目，包括户外运动、水上项目等。据统计，美国平均每所高校中都有高达 44 个体育社团，满足了学生的各种体育需求。并且体育社团也是美国高校体育文化的重要特色之一。具有高超的竞技水平是美国高校俱乐部的重要特点，俱乐部经常会举办各类高竞技水平的校园比赛，表现突出者可代表学校参加全国性比赛。浓郁的竞争性充斥着高校体育俱乐部，这也是吸引高校学生加入体育俱乐部的重要原因之一。体育俱乐部的开展充分满足了学生的课外体育锻炼需求。一些高校也开展了丰富多样的体育社团活动，受众人群大多是热爱体育活动的学生，而未能充分调动全体学生的体育锻炼积极性，在此方面还需要加强培养学生课外体育锻炼的习惯。

在美国高校体育教学的过程中，教师不会将最终的考试成绩作为衡量学生体育学习好坏的标准。美国高校体育评价多是让学生和自己上一次的成绩进行比较，体育测试可以在任何时间、任意地点进行，学生可以选择在最佳状态下进行测试，测试的目的强调学生自己的进步，而不是成绩。在测试的过程中，教师会以热情的态度进行表扬鼓励，对于取得进步的学生则会给他们发奖励卡，可供在期末时加分。这种轻松的学习环境更容易让学生接受体育活动，也能提高学生参与体育活动的积极性。

美国高校体育教学高度重视健康教育理论，认为要想从根本上提高学生锻炼身体的意识，就要让其认识到身体健康的重要性。健康教育正是部分高校体育教学过程中被忽视的教学环节。此外，美国高校体育教学关注学生的主体感受，认为体育教学除了要教会学生基本的运动技能，更重要的是让学生感受体育教学的整个过程，如制定体育学习目标、评价体育效果等。美国高校体育教学重视健康教育以及关注学生的主体感受是值得其他国家高校借鉴和学习的。

2. 日本体育教学改革发展及其特点

日本是一个非常重视身体健康的国家，早在1988年就提出了全民健康计划。通过分析日本的《体育基本法》等三部基本法律以及日本的青少年体质健康促进政策，可以发现日本高校体育教学的特点表现在以下几个方面。

（1）"终身体育"为主的体育教学理念

目前，日本的体育教学宗旨是以不同的方式提高终身参与体育运动的三种能力，即技能和知识、思维，决策和表达，学习态度和人性。终身参与体育不仅限于从事体育运动或体育活动，还要提高体育在社会文化中的价值。

日本政府、教育委员会、学校之间相互合作，根据教育部门规定的课程实施优质的体育教学工作，使整个教学过程中的体育教学计划保持一致性。

（2）信息化导入的"翻转课堂"式体育教学

日本为了改善传统体育教学中存在的教师强行灌输、学生被动学习的教学模式，在体育教学中引入智能化的教学设备。日本佐贺县武雄市于2015年开始将信息化设备引入课堂，成为日本第一所尝试"翻转课堂"的日本公立学校，让日本的传统教育教学方式，即让学生自己打扫学校卫生，在教室低头、几乎无声地记笔记的教学方式得到了巨大改变。传统的教学课堂中，无论是亚洲、北美洲还是欧洲，大多采用教师讲授的方式，家庭作业是布置给学生让父母监督完成的。虽然每个地区和学校的主体不同，但我们通常认为的教师就是在一屋子学生的面前进行教学，解释某些事情。而"翻转课堂"则通过媒介设施让学生成为课堂的主人，学生可以在家里观看视频讲座，完成选定的作业，然后将其带到学校进行讨论，在需要帮助时，教师会提供额外的帮助。武雄市通过"翻转课堂"的新教学示范点发现，翻转教室中的学生在学校表现往往更好，并且这为其创造了更好的学习环境，学习速度较慢的学生可以利用闲暇时间反复观看和学习视频内容，而学习速度较快的学生在快速完成了相关单元的学习内容后，可以学习其他相关技术动作。当学生回到校园里，将他们的练习视频带到教学课堂上，教师可以轻松浏览学生的练习动作，为学生解答使其产生困惑的问题，这也使得教师能够集中更多的时间解决难题。

日本高校将终身体育的理念贯穿整个体育教学。为了避免学生被动接受体育知识技能，日本高校专门开设"翻转课堂"教学模式，并融入智能信息化元素，旨在培养学生的自主学习和创新能力。日本高校关注学生自主学习能力的教学思想值得其他国家高校借鉴学习。

3. 德国体育教学改革发展及其特点

20世纪初，德国设立专门的组织来引导运动，帮助国民更加积极地参加体育运动，并提供相应的赞助。到了80年代，学校为了更好地发展体育和强调体育的重要作用，规定参加高考的学生必须参加体育考试。德国所推行的体育锻炼不仅仅是加强学生在学校的学习，还鼓励学生积极参与体育锻炼。学校开展的关于健康的课程使学生、家长和学校产生互动作用，这样学生的身体健康更加被重视。政府部门出台一系列的宏观调整政策，主要强调家长和学校的监督管理作用，学生需要长期培养良好的体育锻炼习惯，从而加强学生的身体素质。总体来看，德国始终重视国民的体育需求，实施以大众娱乐为核心的体育战略，强调发展体育事业的均衡性。

4. 法国体育教学改革发展及其特点

法国延续了往日的浪漫情怀，借助艺术与哲学方面的思想体系，激情与浪漫并存的体育文化事业就此诞生。法国政府强调"体育文化特殊性"，目的是弘扬法兰西文化，使得人民群众可以获得体育文化带来的社会福利。

在体育课程教学形式上，法国的学校体育运动试图将学校的体育教育与校外的社会机构相结合，让学生的体育活动不局限于学校，鼓励学生走出学校，接触和了解社会。在体质评价方式上，法国更加人性化地考虑到体育对学生今后发展的深远影响，并将个人对体育的情感纳入指标，弱化对身体健康测试硬性指标的测度方式。

　　结合国内外研究可知，国外以培养学生的体育运动兴趣为主要方向，通过对学生体育意识的培养来增强学生的自主锻炼意识，达到将体育锻炼融于生活的目的，从而增强学生的体质。同时，国外非常重视作为体质健康测试基础的体育教学，且已有比较完备的体质健康相关制度，特别是发达国家对学生参加体育活动和进行体育锻炼的意识尤为看重，在这一点上值得借鉴与学习。

第二节　体育教学改革的现状

　　人的总体健康是由身体健康和心理健康共同构成的，因此，要想在未来激烈的竞争中占据一席之地，就必须拥有良好的身体素质和心理素质。然而，我国当下的高校体育教学中还存在着很多问题，这些问题影响了体育教学应有作用的发挥。

一、体育课程结构欠合理

　　现阶段的体育课程结构，由于受传统课程流派和课程思潮的影响，还是主要以体育单一学科为主体取向。

　　首先，课程类型形式化，过于偏重实践课。对高校学生而言，只有在充分学习体育理论知识的基础上，进一步将所学知识和实践相结合，才能实现锻炼身体的目标。然而，就中国众多的高等院校而言，部分高校更重视实践课程，而忽略理论课程的重要性，这就导致学校的体育课程结构不够合理，其结果则是学生达不到应有的学习和锻炼的效果。

　　其次，课程结构层次简单，缺乏系统性和适应性。在我国，高校体育课程是学校体育课程中的最高层次，高校体育课程应是体育知识与能力培养的提高阶段，因此，普通高校体育课程应主要体现在不同项目类别课程的层次上，而不是课程的类别上。现行的体育课程仍按照我国体育专业课程结构层次设置基础课和专项课，实质上混淆了普通大学生与体育专业学生的区别。这样的课程结构既层次简单，又缺乏系统性，限制了学生的发展，不利于培养学生的个性和能力。

　　最后，课内外体育教学比例失衡。笔者通过调查发现，高校体育课程基本以课内为主，很少有关于高校体育课程的课外部分，学生还是以课堂学习为主，这样的教学使得学生的学习时间受限，运动量少。部分学生除了在课上锻炼外，留给自己锻炼和练习的时间较少，这样也使得学生的锻炼时间不能得到最大限度的满足。课后虽然有较多的时间，但是缺少了教师的及时指导、同学的陪练，学生在课后的学习兴趣降低。笔者在了解中发现，有大量学生直到下次上课才会重新学习，这就使得学生的兴趣最高点和技术、知识印象最深时间段没有重合，大大降低了学生的学习效率。

二、体育教师队伍的综合素质有待提高

对当前的体育教师队伍进行全面的了解是开展体育教育工作的前提。要想推动体育教师队伍素质的提高，首先要化解教师队伍当前的问题，在解决问题的前提下才能进一步寻找创新的教学模式。据相关调查和数据显示，在我国众多的高校体育教师中，大多数体育教师是本科毕业，而硕士研究生和博士研究生数量较少。可以说，在中国高校中，教师已经成了影响体育教学改革进度的重要因素。

由于课程改革工作中一些传统思想理念和新时代体育教学要求相矛盾，导致体育教师队伍出现一系列值得关注的问题：①教师忽视学生的体育综合素养的提高。当前部分教师认为开展体育教学的目的就是完成课标所要求的教学任务，或者为了和学生一起应付考试，所以体育课堂上学习和训练的项目基本上是课标和考试大纲所要求的内容，很少会设计大纲和课标以外的内容。这种教学形式犹如将学生封闭在一个狭小的空间，体育训练纯粹是为了完成某项任务，失去了体育锻炼的本质，进而导致学生的体育兴趣、体育技能、体育德育素养等各方面无法得到提高。②笔者在实际观察中发现，部分教师创设的体育课堂并没有展现出很高的活跃度，师生之间为命令和服从的关系。出现这类问题的原因是教师没有找到恰当的时机和学生建立良好的师生关系，难以实现有效沟通。

三、体育课程思政建设面临困境

（一）高校体育教师的课程思政教学能力有待提高，思政协同教学难以推进

笔者所调查院校中的体育教师以中青年教师为主，并未出现师资队伍老龄化的问题。同时和年龄较大的老教师相比，以中青年教师为主体的师资队伍在教学过程中有更多的时间和精力，更容易接受新知识与新理论，从而能够实现理论联系实际教学的创新。针对体育课程思政理论的提出，中青年教师更容易接受并将

其中的理论转化到课堂教学中，这对于高校体育课程思政在教学过程中的开展与改革是有利的。

与此同时，调查结果显示，课程思政这一理念是深入人心的，几乎每一位教师都对开展体育课程思政工作持支持与认可的态度，且都对开展体育课程思政的必要性有足够的认识，但是对于开展体育课程思政教学的意愿却不强烈。据调查所知，有一半以上的体育教师开展体育课程思政教学的意愿不强。究其原因，教师对在体育教学中开展思政教育的特殊性不够了解，也没有深入学习过具体的思政教学方式。此外，部分教师不清楚开展课程思政需要结合课程中的哪些内容，怕在教学中掌握不好其内容与形式的度，因此便出现了"有明确的思政教学意识但讲不清楚""有模糊的思政教学方向但不敢展开"的情况，大大降低了教师开展课程思政的意愿。

除此之外，部分体育教师参加课程思政相关培训的次数较少，参与体育教研室的课程思政培训活动以及交流会议的次数较少。据调查所知，近一半的体育教师参加课程思政相关会议和培训的次数在2次以下，并且缺少针对培养教师课程思政能力的培训，这也是导致教师在具体的教学过程中缺乏应有的思政教学能力，体育课程思政协同教学难以推进的重要原因。

总而言之，在推进高校体育课程思政建设工作时，需要挖掘体育课程中蕴含的思政元素，并将这些元素渗透进体育课程思政建设中。但目前看来，大部分体育教师虽已接受课程思政理念，但是在授课过程中并没有在传授知识与技能的同时，挖掘到课程中存在的思政元素，有意识地将思政元素融入体育教学，这使得"课程之中有思政，教师口中有育人"的局面难以形成。出现这种情况的原因主要是教师缺乏推进课程思政建设的能力，在课程思政教学方面还处于初级阶段，使得针对学生的价值引领与知识传授无法协同推进。

（二）高校体育教学目标有待完善，缺少课程思政育人目标

以体育人，将体育课程作为载体进行思政教育的提法在21世纪初便已有雏形。最早在2001年颁布的体育课程标准中就将体育课程的目标归纳为"心理健康、社会适应目标"，后来随着学校体育的改革与发展，调整为"立德树人目标"，最终到现在的"课程思政目标"，一步一步走向具体与完善。基于此，学校体育应以坚定学生的理想信念、厚植学生的爱国主义情怀、培养学生的品德修养、增长学生的知识见识、弘扬学生的奋斗精神、促进学生全面发展为目标。

结合实际调查情况，目前大多数高校体育教师在实际教学过程中的教学目标

设置重心在运动参与、运动技能以及身体健康三个方面，可以看出大部分体育教师希望通过体育教学来增强学生的身体素质，提高运动参与兴趣，帮助其获得运动技能。但与之相比，在教学目标的制定中，缺少了体育课程的思政育人目标，这表明目前部分体育教师在教学目标的选择上，出现多以知识传授与技能学习为主，弱化了体育课程的价值引领作用以及育人功能的问题。这也就导致在开展高校体育课程思政工作时，思政教育与体育专业知识技能教育难以同向同行。

同时结合对部分高校体育教师的调查以及一些非正式的访谈，可以了解到体育教学中课程思政目标的制定存在一定问题：①将思政教学目标与某个运动项目简单画等号。例如，将田径类课程学习等同于意志品质的培养；将篮球或排球课程学习等同于合作意识的培养等。某一运动项目在学生学习过程中可能会呈现出不同的思政教学目标，因此不能与某一运动项目简单画等号。②体育课程思政教学目标制定抽象，不细化。例如，在某一运动项目课程中制定"提高学生自信心"的目标，"自信心"涵盖的内容较为宽泛，包含体育学、心理学以及教育学等各方面的内容，单单以自信心为思政教学目标制定依据略显抽象。在这种问题导向之下，高校体育课的教学目标会在一定程度上脱离政策文件以及学校体育课程教学方案的规定，表现出针对性不强、不系统和不完善的问题。

（三）教学方法模式化，仍以传统体育教学方法为主

高校体育课程与思政元素的整合是当前体育课发展的迫切需要，需要教师共同努力，构建体育课程新格局。但笔者经过调研发现，高校体育课程中存在思政课与体育课独立的现象，部分教师对此认识不足，自身素质达不到在体育教学中实施思政教育的水平。具体来讲，一是部分体育教师通常以理论教学的形式向学生传递体育运动中的政治思想内容，这样原本无形的教学变成显性的教育，而原本的教育意义被忽略，使学生对体育课程不感兴趣、不积极，形成对体育运动的抗拒心理，影响体育课的效果；二是有的教师把体育课程思政当成一项任务，刻意注重形式，舍弃本质，导致其"空有其表，无中生有"，部分教师借用现有课程资源，模仿同类课程，没有自主性，无法实现思政课的本质作用的发挥，导致学生课堂体验有待提高。

（四）高校体育理论课程内容有待完善，体育教材缺位

高校体育课程不仅包含实践课，而且包含理论课，理论课上的知识与价值观输出也是一项必不可少的教育工作。目前多数高校的体育理论课内容为体育卫生保健知识、体育课程的意义与目的、运动项目的理论基础与实践基础以及体育锻

炼方法等，很少有高校教师在体育理论课的教学中运用各种形式的现代教学手段对体育课程中的思政元素进行挖掘与传播。结合目前情况来看，高校体育理论课程不仅应在内容上重新编排，利用各种教学方法与教学媒介加强对学生价值观的培育和传统文化教育内容的输送，而且应保证体育理论课保质保量完成。

除了体育理论课，体育教材作为教师在课堂中传授知识的一种载体，其在教学中同样占有举足轻重的地位。笔者通过校园随机访谈以及问卷调查了解到，学生和教师对教材的重视程度普遍偏低，很多学生表示"没见过教材"，自然对教材中的内容不熟悉。笔者通过查阅教材资料了解到，高等院校体育与健康教材中的内容主要是体能与健康理论知识以及体育锻炼生理机理、疾病防治等，除此之外还有各种运动项目的简单介绍与锻炼方法，而关于课程思政以及思政教育的专题案例很少体现。这使得教师在教学过程中缺乏具体操作指导，部分教师在讲授思政知识、进行价值观培育时显得较为生涩，需要不断地完善。

四、体育教学环境有待完善

（一）体育教学环境"硬环境"存在问题

第一，体育场地器材匮乏，使用效率较低。部分高校难以拥有很大的土地面积，而学校面积小就直接导致学校的体育场馆偏小，并且一些场馆的功能单一，仅仅涉及少数几个体育项目。场馆的器材种类少，而且数量少，也没能及时地更新与维修。此外，部分高校的体育场馆开放时间过短，每周可能仅有一两天的时间是面对学生开放的，其他时间不是仅对教师开放就是关闭，极大地降低了场馆的使用效率。

第二，体育课的单一班级规模较大，同一时间段内上体育课的班级数量较多。体育课大多采取线下方式进行，班级人数大多集中在 30～50 人，班级人数多，课堂管理比较困难，因此加大了教师的授课难度，也在一定程度上降低了教学质量。在一个体育场地中同时授课的班级数量大多为 2 个以上，上课人数多，而场地器材缺乏，人均活动面积就会相应变小，在一定程度上会降低体育教学的质量，课程效果难以达标，不仅会使教师的教学方案无法得以全面展示，同时也会影响学生学习兴趣的提高。

（二）体育教学环境"软环境"存在问题

第一，部分高校领导对体育教学不够重视，校园内的体育运动氛围不浓厚。首先，在传统的思想观念中，"优秀率""高分率""择优率"大大阻碍了体育教学的健康发展。高校领导在体育教学中起着决定性作用，但是现阶段部分高校领导的观念较落后，往往强调对主科的关注而忽略了体育课的作用。其次，高校通常疲于宣传体育知识，很少举办体育知识活动，学生仅能从体育课中学到一些基础知识，知识来源十分单一。最后，体育教学大多是流程式的教学，形式较为枯燥，未能充分调动学生学习的积极性。

第二，部分高校体育教学制度有待健全，体育课程机制有待完善。调研结果表明，一些高校的体育教师未能按照严格的规章制度开展日常的体育教学工作，如问询学生的身心健康情况、要求规范运动服装与合理安排体育课堂的运动量等。目前部分高校尚未设立专门的体育教学制度来科学严格地管理和监督教师的日常工作和教学质量，高校体育教学制度有待进一步完善。

第三，高校体育课堂教学氛围不理想，师生关系亟待改善。目前，部分高校体育教学内容较为传统，体育教学手段单一。体育教师日常的课堂教学活跃度不高，主要体现在：一是在学生思想层面，高校中的部分学生不重视体育课，认为体育课是"放羊式"的自由活动课，可有可无，导致部分学生的体育学习积极性低，态度随意；二是在师生互动层面，我国部分高校的体育教师未能与学生在体育教学中形成良好的互动关系，体育课堂教学氛围较为沉闷、乏味，师生间的沟通交流较少，教师不能及时获得学生对课堂的看法，学生也不能从教师那里及时得到反馈，导致教学质量长期处于有待提高的状态。

第三节　体育教学改革的发展前景

一、体育教学理念的优化

关于体育教学理念的优化，主要涉及以下两个方面。

（一）突出"学生为主体"的体育教学理念

体育教学理念是高校体育教育研究者和体育教学实践者共同遵循的思想信念，在高校体育教学改革与发展中起着导向作用，树立正确的高校体育教学理念是优化高校体育教学范式的首要环节。自 2017 年"体育学科核心素养"概念提出以来，我国体育教育更加关注体育的育人价值，强调在体育教学过程中培养学生必备的关键能力和意志品质，要更加突出"学生为主体"的体育教学理念。体育学科核心素养要求学生掌握基本的运动能力，养成健康的行为以及必备的意志品质。这并不是对传统体育教学关注"三基"的否定，而是强调体育教学要在"三基"的基础上，更加凸显育人的价值，促使学生在掌握基本知识技能的基础上，养成健康的体育锻炼行为，并通过不断地实践创新形成必备的意志品质，为步入社会打下坚实基础。

"学生为主体"的体育教学理念强调在体育教学过程中，实现从教师的"教"向学生的"学"的转变，构建以"学"为主的体育教学范式。教师要充分发挥自身的主导作用，在授课前为学生进行必要的体质健康诊断，了解不同学生的身体发展情况，根据学生体质发展的差异，为其制定个性化的体育教学内容，培养适应学生个性化发展的意志品质。在体育教学实践中，教师要充分考虑学生身心发展的特点以及学生体育学习的需要，贯穿整个教学实践过程，深入了解学生，激发学生的主体性和创造性，促进学生的全面发展。

（二）坚持运动锻炼和身体健康相结合的教学思想

体育的本质就是利用身体练习的手段达到强身健体、增强体质的目的。体育教学就是要求学生在学习体育的过程中掌握一定的运动技能，并利用运动技能来增强身体素质。体育最根本的价值就是促进人的身体健康，因此在体育教学过程中要强调"健康第一"的思想，融入健康体适能的教学，培养学生重视身体健康的意识，培养其健康的体育锻炼思想和正确的锻炼方法。学校、体育教师尤其要高度重视学生的身体健康，学校可以开设专门的体育健康教育理论课，让其成为高校学生的必修课，以理论授课的形式让学生了解体育健康的相关知识。学校还可以通过举办讲座等形式宣传体育健康教育，加深学生对体育健康的理解。体育教师在体育教学过程中要重视身体健康教育，在教授运动技能的同时也要注重对学生身体素质的培养，在教学过程中融入健康教育，促进学生"健康第一"思想的形成。

健康的身体是革命的本钱，高校学生要学会运动、学会锻炼，保护好身体，养成终身锻炼的好习惯。在日常的体育教学中，健康体适能的教学是十分有必要的，教师要使学生不仅学会锻炼，还要学会用正确的方法进行自主训练，知道怎么进行训练后的放松、拉伸练习，为以后的锻炼打下良好的基础。学校体育教学要从学生的身体健康出发，要循序渐进、分阶段地进行教学，在保证学生健康的基础上进行高层次的技术动作教学，保证教学质量，要让80%以上的学生掌握所教的技术动作。为了提高学生的运动锻炼积极性，学校要采取必要的措施，督促学生进行体育锻炼，如高校可以利用电子设备，让学生每天打卡，保证每位学生每天都能进行一小时的体育运动，监测学生的锻炼情况，为进一步提高学生体质提供帮助。

二、体育课内外一体化的改进

关于体育课内外一体化的改进，主要涉及以下四个方面。

（一）增加相关的体育基础知识

体育与健康的基础理论知识是促进学生进一步提高运动兴趣和运动能力的助推剂，也是使学生科学地进行终身体育运动的关键。大多数学校的体育理论课安排的课时数为一个学期 3～4 个学时，这导致学生没有形成系统的体育理论知识，对一些基本的体育健康知识理解不清晰，所以教师需要在课后对技术战术方法、科学训练方法以及运动损伤急救等基本的体育知识进行系统的整理，在课外活动中有针对性地普及或讲解日常体育活动中需要注意的问题，让学生能够对体育项目有一定的知识储备，能满足他们的课外活动，为终身体育奠定基础。

（二）创新教学评价方法

多元化评价方式要求学校综合学生各方面的情况后给出最终的评价，符合新时代促进学生全面发展的目标。教师在学生学习过程中不仅要注重其身心发展，还要注重学生的思想道德建设，促使学生在原有的基础上不断地提高自身的综合素养。有些教师目前采用的评价手段依旧是通过简单的几项测试和技能的考核得到评价结果，这导致学生在课上时不认真，课外活动参与度不高，认为只要完成考试就高枕无忧了。单一的评价方式容易让学生产生倦怠心理，不利于养成锻炼习惯，因此教师可以在原有的评价方式的基础上针对学生课外活动的参与情况、技能习得的情况等进行创新评价，实现课内与课外评价一体化。

（三）加大课外活动技能指导力度

在课堂上有专业教师对学生进行指导，包括学生的运动负荷、技术战术都是在教师的指导下进行的，学生需要深入了解自身学习的主要内容，从而避免在课下使用错误的训练手段。所以在体育社团活动中可以安排相对专业的教练对学生进行指导，而在社团之外的课外活动中，可以安排相应的体育教师在专门的体育咨询室或者运动场地值班，给学生提供便利的咨询渠道，提高学生对技能的掌握水平，提高学生的运动兴趣。

（四）提高学生的课外体育运动认知

学校体育是终身体育中的一个环节，学校的体育运动文化会潜移默化地影响学生运动习惯的养成，为终身体育意识埋下伏笔。学校可以建设校园体育运动知识分享室，将科学的锻炼方法、比赛中的技术战术、运动保健知识以及运动损伤的急救办法通过宣传的方式分享给学生，加强学生对体育更深层次的理解，提高运动认知，让学生在课外活动中也能合理地安排自身的运动负荷，保障自身的安全。

三、体育教师素质的提高

在体育教学改革过程中，身处体育教育一线的体育教师是非常重要的一个因素，他们在体育教学过程中扮演着知识与技能的直接传播者的角色，影响着教学效率与教学质量，是推动整个体育教学改革的主要力量。

关于体育教师素质的提高，主要体现在以下几个方面。

①学校应确立明确规范的教学制度，对教师的教学目标及任务提出要求，通过对教师的课堂进行规范指导，促进学生进行体育学习，达到学生全面健康发展的学习目标。

②教师应加强理论知识研究，提升体育课堂教学质量。教师应积极发表论文和参与课题研究，提升自身的学历和职称，具备扎实的理论基础。加强体育课堂的常规管理，提高学生对体育教师的好感度。教师不仅需要具备相应的教学组织能力，还要提升自己的语言表达能力，教学口述应通俗易懂，方便学生在体育课堂中更好地掌握知识要点，从而调动学生的体育学习积极性，达到体育教学的目的。

③教师应时刻关注自身的心理状态。在课余的时间，体育教师应该拓宽自身的知识范围，学习心理学方面的知识，在了解自我的同时，还要掌握必要的心理疏通方法。在日常工作中，体育教师应该对自己进行适当的疏导，而不应该将消极情绪日积月累地压在心中。常见的心理压力缓解方法有找人倾诉、做自己喜欢的事情、放空自己、运动、听音乐等。

教师除了以上要求，还要在自身道德品质上多加注意，在各方面全面提升自己，做一名全面型、创新型、跟随时代发展的合格教师。

四、体育课程思政教学改革政策力度的加大

关于体育课程思政教学改革政策力度的加大，主要涉及以下几个方面。

（一）提高教师的思政素质，打造优质师资队伍

作为体育教学活动中的领导者与组织者，教师是高校落实立德树人教育任务的关键，这便要求高校体育教师在政治素养中保持高水平，关心国家时事政治；在思想素养上维持高水准，始终坚持言行合一，在学生面前起到榜样的作用；在道德素养上保持高站位，积极传播正能量。因此，为保障高校体育课教学改革工作顺利实施，打造一支政治素养高、育人能力强、专业素质过硬的教师队伍非常重要。

1. 做好高校体育教师选拔工作

在我国传统观念中，人们一般认为"能者为师"，认为只要有一定的体育常识，就可以从事体育教育工作。但随着对教师的专业化要求越来越高以及教师培养专业化水平越来越高，学校也更加重视体育教师的综合素质，如身体素质、道德修养、学历水平、专业知识结构、个人能力等。

高校体育课程思政工作的开展，对体育教师的综合素质提出了更加具体的要求。体育教师不仅要在专业知识和运动技术上下功夫，而且政治信仰要坚定，拥有深厚的家国情怀、创新的教学思维方式、广博的知识视野以及高尚的人格魅力，同时在进行体育教学时，能够有发现不同体育课程中思政育人元素的能力，并且能够在遵循体育教学规律的前提下基于这些育人元素以一种"润物细无声"的形式对学生进行价值观引导。所以，高校在选聘体育教师时，一定要把好"入门关卡"。首先，要严格按照学校的教育目标以及教育目的，结合学校体育课程的实际情况，设计和制定详细的体育教师聘用标准，既要对新入职体育教师的专业技能、学术成果和教学能力进行考核，又需要特别注重思想政治素养的考核。其次，为了促进教师队伍之间的良性互动，还可以采用聘任制的形式，吸引优质的师资。同时，作为输送体育教师的重要阵地，师范类院校要加强对体育学院学生的思想政治教育，把课程思政融入体育类师范生的教学培训与教学目标，用中华优秀传统体育文化铸魂育人，用社会主义核心价值观陶冶情操，激发学生的教育事业热情，为祖国培养合格的建设者。总之，做好高校体育教师的选拔与聘用工作，把好师资队伍的政治关、业务关、师德关，建设一支"令党放心、学生满意、大众接受"的高校体育教师队伍，是确保高校体育课程思政工作顺利开展、促进高校体育课程教学有效改革的重要举措。

2. 组织高校体育教师学习思政课知识

2018 年 5 月，习近平总书记在北京大学师生座谈会上指出："要从培养社会主义建设者和接班人的高度，考虑大学师资队伍的素质要求、人员构成、培训体系等。"体育教师作为高校教师队伍中不可或缺的力量，在传播知识、传播思想、塑造灵魂以及塑造生命等方面发挥着重要的作用和使命。为贯彻落实习近平总书记在全国高校思想政治工作会议和全国教育大会上的重要讲话精神，使高校体育课程思政工作平稳有序推进，提高高校体育课程的育人质量和水平，必须把抓好体育教师队伍建设作为一项基础性工程，调动广大体育教师的政治学习积极性和创造性，提升其学习思想政治理论的热情。

首先，在学习方式上，各高校要积极制订体育教师的思想政治学习计划，定期组织体育教师参与政治理论学习，坚持分批次、分阶段地组织体育教师培训，通过先学一步、学深一层的方式，全面提高广大体育教师的理论素养和教育教学水平。例如，在针对体育教师开展学习活动时，可以以每周、每一个学段等为标准分阶段地开展活动，这样能够及时向体育教师传达新思想、新理论，与时俱进地提高其素质。除此之外，可以通过参与社会实践的形式，如参观革命遗址、重走长征路以及到烈士陵园扫墓等身体力行的方式加深体育教师对思想政治理论的把握，坚定其政治方向。其次，在学习内容上，要深刻把握习近平新时代中国特色社会主义思想，提高体育教师对党中央所提出的新理论的思想认同、政治认同以及情感认同，坚定中国特色社会主义的"四个自信"，在学习中牢牢把握体育课程未来的教学方向。这样才能在很大程度上提升体育教师对中国特色社会主义的信念力量，增强体育教师的政治信仰和家国情怀，对其综合知识结构与层面来说也是一种提升，从而为高校体育课程思政的开展以及体育课程的教学培养一批业务水平精湛、师德师风严谨、知识结构丰富的高素质体育教学师资队伍。

3. 加强高校体育教师与思政教师的沟通协作

在新时代的背景之下，社会的快速发展对大学生提出了新的要求，大学生在毕业之后想要快速融入社会，需要更加完善的知识储备以及更加强大的个人综合素养。这需要教师在教学过程中打破原有的单一学科教学培养模式，整合学科教育资源，实现跨学科式的综合教学。高校体育教学改革的参与主体是体育教师，开展课程思政，发挥体育学科在育人方面的优势，必须加强师资队伍的建设。高素质的教师队伍是由一个一个好教师组成的，同时也是由一个一个好教师带出来的。这要求高校在对体育教师进行培养时，不仅要注重其教学能力与科研能力的提升，同时也要通过各种形式提高其思政意识以及在体育教学中开展课程思政的能力。

第一，着力发挥思政学科在课程思政建设工作中的引领作用。凝聚体育教师与思政教师的力量，在日常的研究学习中，充分发挥思政教师的专业优势，对体育教师进行指导与辅助，共同挖掘不同学科之中的思想政治教育元素与案例资料，结合体育学科的实际特点，为高校体育课程思政工作的开展提出合理的意见与建议，确保体育课程思政工作的开展能够获得长足的理论加持。同时，思政教师应对体育课程思政工作开展的教学动态与实际效果保持关注，发现不妥之处时应及时提出合理建议。

第二，思政教师与体育教师应在共同学习、沟通协作的基础上精诚合作，共同推出以"爱国主义教育""规则意识教育""社会责任感教育""挫折教育"等为主题的专项教育课程，通过线上或线下的渠道，将这些课程输送给学生，推动思政课与体育学科教学成果的"双赢"，达到双方教师合力育人的最佳效果。

（二）明确课程教学目标，完善课程体系

体育课程思政是为了提高全体高校学生综合素质所设定的课程，课程的实施要以运动参与、运动技巧、身体素质健康、心理健康与适应社会四大方面为基础，结合学生的需求制定合理的实施方法。体育课程思政应当以关怀个体生命、关注学生心理健康以及指导学生根据自身特点参与体育运动为追求。在课堂中，教师应当了解学生的需求，让学生之间彼此合作，增强学生的团体荣誉感，为学生以后更好地融入社会奠定基础。另外，融入思政元素的体育课并没有建立统一的课程体系，所以各个高校应当总结目前存在的问题，并构建符合自身情况的课程体系，从而更好地进行思想政治教育，培养全面发展的人才。

体育课程思政的目标如表 3-1 所示。对表中的数据进行分析可知，体育课程的长期目标是运动参与目标。当前我国高校学生在体育锻炼方面存在的问题，主要是运动项目参与频率低，对运动的热情较低。为了解决这些问题，教师应当通过教授有关体育方面的知识，提高高校学生参与体育锻炼的能力，使其主动参与锻炼来培养终身体育锻炼的意识，通过学习相关的体育理论知识或者观看各种体育比赛，提高体育文化素养。笔者通过调查得知，当前学生更加喜爱慢跑和羽毛球两项运动。在教学过程中，教师应当积极地引导学生去挖掘自身的潜质和兴趣爱好，从而找到适合自己的体育锻炼项目。根据教师的引领，学生需要根据自身的实际情况制订科学、合理的运动训练计划，并在此基础上，有规律地进行体育锻炼。

表 3-1 体育课程思政的目标

目标领域	具体说明
运动参与目标	具备体育参与能力，培养正向锻炼态度，养成终身体育习惯，提高体育文化素养，培养体育欣赏能力
运动技能目标	形成个人体育特长，掌握自身科学锻炼方法，制订和实施运动计划
身体健康目标	科学测定个人体质状况，提升身体机能，发展健康体适能
心理健康与社会适应目标	提升身体自尊意识，提高情绪调节能力，锻炼意志品质，与他人和谐相处，增强团体归属感，正确处理竞争与合作关系

（三）合理选编教学内容，注重课程思政的针对性

具体来讲，主要包括以下几个方面。

1. 富有超链接思维，拓展课程教学的广度

教师要有超链接思维，在教材的源头上用历史的视野、现实的视野、国际的视野将教材中相关的事件、理论、当下时事等作为教学内容，聚焦课程思政知识和元素，注重跨学科主题的学习与拓展。高校体育课程需要借鉴思政课程的完整体系，同时结合本校的实际条件和学生自身情况来构建高校体育课程思政体系，课程内容选取要充分考虑学生的兴趣以及社会发展的要求，使高校体育课程发挥出更大价值。

2. 发展高阶思维能力，增加课程教学的深度

从知识与技能的习得转向思维能力的提升，从浅层的单个知识点和技术的学练到深层次的综合知识和技能的理解与应用，发展学生的高阶思维能力已经成为课程思政教学的必然，教师需要将多个技术整合、将理论与实践结合，开展重在培养学生"分析、评价、创造"等高阶认知的学练活动。

3. 走进学生心灵，提升课程教学的温度

教学内容要立足于大学生成长需求，重在体现科学性，寻求思想政治教育供给侧与学生需求侧平衡点。体育教师应该倾听学生的想法，在正常的教学中与学生融为一体，真正进入学生的内心，成为学生的朋友。学生应放松身心，消除与教师的心理距离。因此，体育教师应该更多地与学生交流，与学生分享快乐，融入学生组织的活动，与学生谈论他们感兴趣的话题，了解他们对高校体育课程思政的认识和理解，倾听他们的诉求和想法，从而促使校体育课程思政更顺利地实施。

（四）重视教材利用，创编一流体育教材

随着高校课程思政工作的开展以及立德树人教育任务的提出，过去常用的高校体育教材中的内容已经逐渐无法适应目前的教学目标。在教材的使用方面，目前所用体育课程的教材多将"健康第一"作为主要的教学指导思想，内容与思政内容结合得不够紧密，这也在很大程度上成了在体育教学中开展课程思政的阻力。因此，结合体育课程思政教学目标与方针，高校体育课程的教材应与思政紧密结合，以"立德树人"为导向将体育中的思政元素贯穿教材始终。

教材内容的创编应将体育运动项目、体育人物、体育历史、体育文化等内容灵活结合体育中的思政元素，把这些内容以文字和图画的方式呈现给师生，以实际案例拓宽学生的体育视野，丰富学生的精神世界，吸收体育课程思政教育的知识成果。因此，需要以课程思政为背景创编具有思政特色的体育教材。一是成立体育课程思政教材编写小组，选拔小组成员，不仅应包括体育部门相关科研人员，同时应吸纳思政专业教师与科研人员，定期组织商讨教材内容编写思路；二是推广体育课程思政教材在试点教学场景中的利用与普及，根据反馈情况对教材的不足之处进行修改与订正。

（五）创新教学方法与手段，提高课程思政教学效果

高校体育教师在进行体育课程思政教学时，应在深入学习课程思政教学理念的基础上，针对传统教学方法进行二次开发，使其更加贴合体育课程思政教学理念，同时创新其他教学方法与手段，尝试新型教学媒介，提高体育课程思政的教学实效性。

1. 结合课程思政挖掘教学方法并应用于教学实践

具体来讲，主要包括以下几个方面。

首先，结合课程思政开发传统教学方法的思政育人功能。传统的教学方法在使用过程中并非不能实现思想政治教育内容的融入，只是教师已习惯利用传统的教学方法传授体育知识与运动技能，忽略了其所具有的思政育人功能，因此可以结合课程思政二次开发传统教学方法的育人功能并应用于教学实践。

其次，利用案例教学法在体育教学中开展课程思政。体育教师可以在具体的教学实践中通过向学生列举与体育相关的典型案例，达到体育课程思政育人的目的。例如，获得 10 次世界冠军，在训练中扎扎实实、刻苦勤奋、勤学苦练，在比赛中无所畏惧、敢于拼搏的中国女排，在体育教学过程中，教师可以以此为案例对学生开展个人意志品质以及爱国主义情怀的教育。

最后，利用环境熏陶法在体育课程内外开展课程思政。一个良好的思政教学环境能够有效推动体育课程思政教学工作的开展。因此在课内，教师应该作为一个引导者串联学生，在教学过程中通过分组合作练习的方式在学生之间构建交流沟通网络，营造一个团结协作、公平竞争的教育环境；在课外，鼓励校园体育文化平台的搭建，如各类体育社团的开办、各种体育竞赛或活动的开展等，向学生传播体育文化、体育故事，营造一个良好的、充满正能量的体育教学环境。

2. 以网络信息平台为新型教学手段，全方位提升课程育人水平

信息化的高速发展也为开展体育课程思政工作提供了新方法与新手段。以网络信息平台为例，其不仅打破了时间与空间的限制，同时也为在体育教学中开展课程思政开辟了一条新道路。在具体的教学过程中，体育教师需要积极借助网络信息平台的优势，革新开展体育课程思政的手段。例如，可以通过组织学生观看体育赛事以及我国体育传统文化的宣传片等，以视频的形式向学生传播运动健儿在赛场上的拼搏精神与爱国情怀，帮助学生了解或认识我国的传统体育运动项目与文化，引导学生树立正确的价值观念。另外，也可以借助微信群或公众号为学生推送各类与体育相关的育人资源与事迹，在潜移默化中实现对学生思想价值的引领以及综合素质的培育。总之，高校体育教师在开展体育课程思政工作时，应立足于课程思政教学理念，善于利用各种教学手段，以多媒体设备为载体将体育中的思想政治教育元素渗透入教学过程，使体育课程教学更加生动形象，从而提高思想政治教育渗透的实效性，推动高校体育课程思政工作的开展。

（六）优化体育课程思政教学资源

体育课程的思政资源非常丰富，不同的体育项目的思政资源包含不同的思政功能，具有不同的特点，适用于不同的课程，能够产生不同的效果，但是体育教师用好这些资源并不是一件容易的事。体育管理部门应充分利用相关平台，建立体育课程思政工作资源库，对这些思政资源进行逐一标注，并进行分类。例如，在教学内容方面，区分足球体育课、基础体育课、田径课等；在教育思政理念方面，区分爱国精神、民族精神、奉献精神、文化自信等；在资源类型方面，区分体育历史、体育文化、体育精神等。另外，还可以从运用方法、运用时机等方面进行划分。高校还要组织体育教师不断挖掘、持续丰富资源库的内容。

（七）加强教师课程思政教学评价，完善学生综合评价标准

教学评价是教学改革中的重要一环，以课程思政为教学指导纲领开展体育教学，明确在体育教学中融入思政教育元素的效果如何以及体育教学的思政化是否合理，需要结合实际情况构建体育课程思政教学评价体系。在以课程思政为背景的教学环境中，过去传统的体育教学评价模式已无法适应目前的教学体系。因此需要结合目前高校教学评价现状，以课程思政为指导，以教师和学生为对象，以体育课程思政教育教学评价机制为方法，以过程性评价与师生互评等为评价方式，逐步健全高校体育教师与学生的思政教学评价体系与标准。

1.加强对体育教师的教学评价与监督，重视思政教学能力评估

目前高校针对体育教师的评价多以教学能力、教学质量以及教学工作量为主要考虑因素，而对其思政教学能力以及师德师风建设方面的评价略显不足，这会导致体育教师的思政教学能力提高缓慢。在课程思政的背景下，健全评价与监督机制，能够有效提高教师的思政教学能力和教学效果。一般来讲，可采用逐级评审法对高校体育教师的课程思政教学开展情况进行评价与监督。

体育课程思政教学教师逐级评价如表3-2所示，其中评审主体逐级可分为学校、体育教学部、学生。首先，在学校方面，成立以学校党委领导等为主体的课程思政教学评价与监督小组，定期对教师备课以及教学情况等进行监督与观察，整体把握课程思政教学质量。其次，在体育教学部层面，组织教学督导组深入体育课堂中听课，随后通过座谈会的方式对教学过程中体育教师的课程思政教学理念、目标、方法与手段等进行全方位的评估，指出体育课程思政教学工作开展的优势之处与缺陷。最后，在学生层面，定期组织学生进行线上评价。学校以及体育教学督导组对教师教学的评价更多是从专业角度评价教师的教学水平，对思政内容的正确性、教学方法的创新性、思政内容的融入形式等进行评价。学生评价的主要内容为教师的师德师风、教学过程中的言行举止以及教学态度和课程思政教学内容引导性等。通过逐级评价的方式，逐步将体育教师的思政教学能力纳入教师综合评价体系，确立其在教师综合评价体系中的重要地位。

表 3-2 体育课程思政教学教师逐级评价

评价主体	评价内容
学校以及体育教学督导组	课程思政教学理念
	课程思政教学手段与方法
	课程思政教学目标
	课程思政教学内容
	课程思政教学效果
学生	师德师风
	教学态度
	教学过程中的言行举止
	课程思政教学内容引导性

2. 改变传统体育成绩评价方式与内容，结合课程思政尝试多元评价

目前高校体育课程的成绩评定方式多以教师评价为主导，根据学生运动技术与技能的掌握程度，采用终结性评价的方式对学生的最终成绩进行评定，这样的成绩评定体系在一定程度上忽略了学生的心理健康、社会适应能力以及思想品德素质等方面，同时以教师为主要评价主体的终结性评价方式也无法对学生的技能学习以及思政素养进步幅度进行评价。因此，需要以课程思政为指导思想，改变传统的体育成绩评定方式，尝试多元评价。

在体育成绩评定内容方面，除了体育知识与运动技能掌握情况、基本身体素质情况，还需要将学生在体育学习过程中的心理健康表现、思想品德修养、竞争与合作意识、规则意识、情感与审美能力等作为评价依据。在将不同的思政元素融入体育评价内容后，评价方式也需要做出调整，改变过去以教师评价为主导的成绩评定方式。根据调查，目前高校体育教师在进行成绩评定时，除教师评定外，仅有部分教师安排学生自评或组织学生之间互评，且学生自评与学生互评所占最终成绩权重较低。教师应积极尝试多元的评价方式，特别是在体育教学过程中对学生的思想道德水平这种较难量化的评价内容进行评价时，基于教学对象人数众多的情况，教师可能难以做到把握全体学生的学习动态，因此合理安排学生自评与互评，不仅能够有效培养学生的自我反思能力与批判性思维，而且能够使学生在交流与合作中取长补短，达到课程思政育人效果。

五、体育教学环境的优化

关于体育教学环境的优化，主要涉及以下两个方面。

（一）体育教学"硬环境"的优化

1. 优化体育场地和器材，提高使用效率

合格的器材和场地是保证体育课效率和质量的首要条件，所以优化工作亟待解决。

第一，进一步加强政府主导力量。各级政府要重视体育教学基础建设工作，督促各级学校向政府积极汇报并真实反映体育场地和相关设备的现存状况，实现政校双方共同努力，进一步落实教学范围内体育场地和相关设备的建设工作。

第二，在持续开发和进一步利用现存的体育场地的基础上，继续加大政策执行力度，进一步提高室内场馆的有效利用率。与此同时，要对学生开展爱护体育场地和设施的思想教育，还需要教师科学规划教学工作和场地使用计划等，统筹场地利用时间和空间。

第三，引导学生亲手制作简易且有趣的体育器材，变废为宝。例如，可以在空塑料瓶中装入沙粒，用作篮球训练的变向标志牌，在激发学生动手能力和运动兴趣的同时，也能有效缓解器材短缺不足等问题。

第四，学校需要因人而异，分类分级教学，根据学生的年龄及性别等特征，安排他们在相应的体育场地和选用合适的器材开展相应的体育项目，可以有效避免场地浪费问题。例如，根据学生的生长发育特点，用软式排球替代成人的排球，不仅可以减轻学生的手指和手腕疼痛，还可以降低技术要求，培养排球运动爱好。

第五，要按时对场地器材进行维护和保修，要安排专修人员对体育器材和场地进行检修和维护，排除器材和场地的各种安全隐患，竭尽全力保护学生的人身安全。

2. 科学规划同期体育授课班级规模，减少同一时间段内上课班级数量

班级规模大是部分高校亟待解决的问题，科学设置体育课班容量迫在眉睫。

第一，根据性别实施分班教学。这样一来基于男、女生身体结构之间的差异，可以更加科学地实施教学方案，规范体育教学活动和课程设置。

第二，根据运动兴趣实施分班教学。这样不仅可以使学生主动选择课程，同时也能提高学生的学习积极性，培养一技之长。

第三，根据体育教师的实际观察，实施切实的分类别授课。硬性分班标准都

满足的同时，还需要因地、因时、因人地根据实际情况进行调整。这样既能避免大规模班级产生的管理和教学弊端，又能照顾到学生的真实感受，增进师生情感，提高授课与学习的双重效率。

第四，要根据实际情况合理安排教学计划。减少同一时段内授课的班级数量，避免由于人数多而产生的场地拥挤和器材短缺问题，提高体育教学时效性。

（二）体育教学"软环境"的优化

1.加强校方领导对体育教学的重视，纠正刻板印象，弘扬优良风气

具体来讲，主要包括以下几个方面。

第一，学校领导要在逐步转变对体育教学的思想观念的基础上，开展会议和相关活动，带动其他学科的教师重视体育教学，强调体育和其他学科处于同一地位，还需要定期对教师开展听评课检查督导工作，选派教学组长监督体育教师的教学工作和授课情况。

第二，学校要通过各种方式和途径进一步加大健康知识的宣传和推广力度。例如，利用校园广播、校园横幅和宣传牌等进行宣传，使师生真正重视体育学习，培养热爱体育的良好品质。

第三，学校要开展不同类型的体育活动，如专题知识竞赛、运动知识讲座、体育明星宣讲等，借此提高学生参与运动锻炼的积极性。

第四，利用特色资源开展特色体育运动，亦可开展太极、空竹、舞狮舞龙等特色民族传统体育项目等。

第五，不断充实扩展体育课内容，不仅要进一步发扬并传承非遗体育文化，开展民族传统体育运动，也要引进新兴运动项目，如攀岩等。通过新旧体育项目相结合的教学，引导学生关注健康、参与运动、热爱体育，在弘扬民族传统体育文化的基础上，营造和谐良好、积极向上的体育氛围。

2.完善高校体育教学制度

具体来讲，主要包括以下几个方面。

第一，积极响应国家号召，及时修订教学计划，依据新课标规定内容制订科学合理、符合时代发展要求的体育教学计划。

第二，学校应该对体育教师授课的次数和方式进行规范，借此促进体育教师之间的交流，学习最新的教学理念和方法。

第三，科学编写教学方案。鼓励体育教师通过编写科学的教学方案，包括教

材、方法、场地等的准备和协调工作，提升教学水平，定期检查教师的备课情况，加大监督力度。

第四，定期对体育教师进行专业技能和知识的培训，使教师紧跟体育教学时代潮流，不断深入学习，提高自我专业技能和教学素养。

第五，严格执行体育课堂的教学常规。体育教师务必严格执行课堂常规，落实好课前师生问好，以示师生彼此之间的尊重；每堂课前都应宣布授课的内容与要求，检查运动服装穿戴情况；落实见习生的见习事宜；重点强调运动安全问题等。

第六，学校领导需要科学系统地总结体育教学中存在的问题，重点寻找教学问题的缘由，遵循对症下药原则，进一步健全学校的体育教学制度。

3.建立健全体育教学软环境评价指标体系

具体来讲，主要包括以下几方面。

第一，确定评价指标分值。一般来讲，可以将各项指标的满分分值设置为100分，将各级指标所得出的权重乘以100，即可得出各级指标的分值，一级指标的计算分值如表3-3所示。

第二，制定评价标准。评价标准可以理解为所评对象达到评价目标的尺度和准则。所以在对评价体系中最低层次评价指标的具体化、行为化和可操作化进行创设时，要充分考虑其科学性，保证评价的质量。

表3-3 一级指标的计算分值

一级指标	权重	分值
情感环境	0.235	23.5
人际环境	0.190	19
气氛环境	0.138	13.8
安全环境	0.199	19.9
组织环境	0.162	16.2
文化环境	0.076	7.6

注：二级、三级指标的分值＝指标合成权重×100

这里提到的构建评价指标体系的评价标准就是对高校体育教学软环境在情感环境、人际环境、气氛环境、安全环境、组织环境和文化环境等方面进行有效价值评判的标准。笔者依据习近平新时代中国特色社会主义思想理论、教育评价理论等，同时根据《学校体育工作条例》《高等学校课程思政建设指导纲要》等文件的要求，在查阅大量与教学环境相关的文献著作以及充分考虑高校体育教学软环境的实际状况的基础上，采用期望评语标准和分等评语标准，对难以量化的末级指标给出最理想的等级标准和说明。一般来讲，可将评价对象达成程度划分为四个标准：90～100分为优、80～89分为良、60～79分为中、60分以下为差。

第三，明确参与评价的主体。评价的主体简单来讲就是指参与评价的施评人员，评价者的评价态度、心理状态、业务素养和品德修养对评价结果的影响巨大。所以为了保证评价结果的真实性、科学性、可靠性，必须认真选择参与评价的主体。参与评价的主体应该是高校体育教学软环境评价活动的组织者、设计者和管理者，即教育行政部门、学校领导、高校体育专家、体育教师、学生。以上评价主体需要共同参与到立德树人背景下高校体育教学软环境的评价中，实事求是，认真履行各自的职能责任，切实推进高校体育教学软环境的评价活动，客观地对高校体育教学的情感环境、人际环境、气氛环境、安全环境、组织环境、文化环境进行评判，推动高校体育教学质量的提升与发展。

第四，选择恰当的评价方法。评价方法的选择直接关系到最终的评价结论是否准确、科学、有效，需要根据评价的目的、准则来选择，同时要充分考虑到评价对象的具体情况和评价过程的可操作性。高校体育教学软环境的评价方法主要包括观察法、问卷法、访谈法、文献法、测验法等。

观察法是参与体育教学软环境评价的主体根据采集评价信息的方案和目的，对被评价的体育教学软环境在自然状态下和人为控制的状态下进行完整的或间断的、直接的或间接的观察记录，具有真实、全面、准确等特点，是收集高校体育教学软环境评价信息的一种最常用的方法。

问卷法是参与体育教学软环境评价的主体通过发放问卷的形式来获取评价信息的方法，可以不受时间和空间的限制，具有客观、真实、全面等特点，是收集高校体育教学软环境评价信息的一种常用方法。

访谈法是参与体育教学软环境评价的主体通过与校方领导、教师、学生进行深切访谈来获取评价信息的方法，具有真实、准确、全面等特点，是收集高校体育教学软环境评价信息的一种重要方法。

文献法是参与体育教学软环境评价的主体通过查阅和分析有关体育教学软环境方面的现成资料（文件、书籍、档案等）来获得评价信息的方法。

测验法是参与体育教学软环境评价的主体通过运用各种测量工具对被评价对

象的特征进行评测，以此来获取评价信息的一种方法。

在实际的体育教学软环境评价中，评价者应该灵活运用多种评价方法，综合考虑，以达到评价信息真实、准确、全面、客观的目标。

第五，明确应用评价指标体系时注意的事项，主要包括以下几个方面。

①注意被评对象的整体性和评价者的多样性。在应用评价指标体系时应该全面科学地兼顾被评对象的方方面面，因为构建评价指标体系的过程是复杂的，各个指标之间相互独立又相互依存，因此在实施评价的过程中要注意被评对象的整体性，避免将其割裂开来，导致最终的评价结果过于片面。参与评价的人员应该是多样的，就高校体育教学软环境评价而言，参与评价的有相关教育部门领导、任课教师、学生等，不同的评价者会从自身的角度出发，根据自身的感受和经验做出科学有效的评价，从而使评价结果更具有实际意义。

②注意评价指标体系的时效性和普适性。现阶段的评价指标体系是根据当前国家教育教学的政策文件精神和当今时代导向所构建的，随着社会生产力结构的不断发展优化，教育观念的不断进步，现阶段的评价指标体系渐渐保证不了评价工作顺利进行，而更加科学全面的评价指标体系也会应运而生。因此，要注意评价指标体系的与时俱进，使其保持良好的时效性。评价指标体系应该具有普适性，如我国不同地区的体育教学软环境必然存在一定的差异，要想科学全面地用同一套评价指标体系去实施评价，就要求评价指标体系在应用时能够满足不同被评对象的共性，同时也能兼顾不同被评对象的个性。

③注重对评价工作的监督和管理。高校体育教学软环境的评价工作不能流于形式，拥有科学全面有效的评价指标体系是前提，而实践才是检验成效的有效途径。要将被评对象看作能动的、发展的，将评价工作看作必要的、有益的。评价工作的有效实施可以使人们了解高校体育教学软环境方方面面的情况，从而做到有的放矢，更具针对性地促进其发展。因此，要注重对评价工作的监督和管理，其是完善高校体育教学软环境的有效保障。

4.营造和谐课堂教学氛围，构建融洽的师生关系

具体来讲，主要包括以下几个方面。

第一，教师首先应该根据学生的具体情况，筛选适宜的教学方法、教学器具开展体育教学工作，根据学生的兴趣，灵活运用情景教学法和游戏竞赛法等学生喜闻乐见的教学方法，通过游戏的方式，使学生轻松自主地掌握运动技能，不仅能够激发学生的运动积极性，还能够提高授课质量和效率。例如，游戏能够让学

生在快速的跑动过程中，提高奔跑速度，使其在学中玩，掌握运动技能。

第二，在课堂上应该加深师生之间的交流程度，教师应借助神情沟通等方式，向学生传达正确的引导内容，鼓励学生开展科学的运动项目。

第三，营造和谐温馨的课堂氛围，倡导师生互动，这不仅需要教师公平公正地对待学生，根据不同学生的不同情况，因人制宜、因材施教，激发不同学生的运动潜能，还需要实现师生之间的双向交流，教师在倾听学生意见和不同看法的基础上，尊重学生对授课内容和方式的合理意见，做学生的良师益友。此外，学生必须了解授课教师的真实想法，通过与教师展开积极的交谈，构建良好的师生关系，提高体育课堂的授课质量。

六、体育教学主体关系的转变

教师在教学过程中一直以来都承担着"教授者"的角色，不仅教授学生基本的体育知识和运动技能，还不断培养学生的意志品质。在教学主体不断转换的过程中，教师要实现从"传授者"向"引导者""支持者"角色的转变，不断弱化教师在体育教学过程中的决定作用，凸显学生体育学习的自主价值。

体育教师在体育教学过程中要更加积极主动，不仅要承担制定体育教学目标、开展体育教学活动等相关工作任务，还要培养学生的体育品德和个人素养。教师要想培养高校学生，必须将体育学习和高校学生今后的社会生活相结合，保证学习内容和生活技能掌握的一致性。因此，高校要不断扩充教师团队，筛选优秀体育教师，为高校体育教学输送新鲜血液。原有教师要不断学习，深层了解最新的教育教学政策，创新教学思维，转变固化教学理念，提高自身学识素养，起到以身作则的带头作用，激发主观能动性，合理把控和调整高校的体育教学活动。

学生在体育教学过程中，要实现从"接受者"向"建设者"角色的转变。传统"传授式"和"对话式"的教学模式固化了学生的体育学习思维，未能充分发挥学生学习的自主性和能动性。高校学生已经具备一定的思维能力，在日常的体育教学过程中也能依照意愿选择适合的体育运动项目和体育学习模式，因此，教师要引导学生正确开展体育学习，正向发展。

在高校体育教学过程中，教师和学生是相互依存、相互促进的。一方面，教师能传授给学生正确的体育基本理论知识和专项运动技能；另一方面，学生在体育锻炼中由于缺乏主动性和实际操作经验，容易陷入体育锻炼困境，需要教师及时引导和帮助。教师和学生的双向主体作用能更好地发挥学生的体育学习潜能，提高体育教学效果。

七、体育教学目标的完善

体育教学目标指引教师如何培养学生，学生应朝着何种方向发展。体育教学目标和体育教学理念是内在统一的，体育教学理念从思想层面调控高校体育教学范式，体育教学目标则为体育教学理念提供了现实支撑。

高校体育教学不仅要求学生掌握必备的运动技能，而且要求学生学习相应的健康理论知识，更要求教师将培养学生的体育品德和社会生存能力作为必备教学目标，以此促进高校体育教学的发展，培养全面发展的高质量人才。体育教学目标并不是一蹴而就、立刻达成的，而是螺旋上升、层层递进的。在体育教学目标的制定过程中，教师要将宏观体育教学目标进行细分，分为学年目标、学期目标、单元目标及课时目标。各目标的制定要考虑学生的实际情况，学生通过学习能够达到教学目标。体育教学目标应是由浅至深的、遵循事物发展规律的，教学内容也应体现"目标引领内容"的特点。此外，教师在制定教学目标时要充分考虑不同学生身心发展的特点，包括体质健康状况、现有运动技能水平等，体现因材施教的体育教学观。

贯彻落实"以学生为中心"的教学理念，体育教师可将目标的制定交给学生。例如，在一节立定跳远的教学中，每位学生在学习前可先对自己做一个成绩预测，再根据自己跳远的实际情况制定本节课需要达成的目标，身体素质较好的学生可以将自己的目标定在 2.3 米甚至更高，身体素质较薄弱的学生可以将自己的目标设置在 1.7 米或者任意一个可以通过努力达成的目标，并且在本次体育学习中，学生要掌握一定的意志品质，如在此次立定跳远的教学中，学生可以学习到坚持不懈、克服困难的体育精神，教师也可根据不同的体育品质设置相应的体育比赛或活动，巩固对学生意志品质的培养。在学生完成学习目标的过程中，教师要给予充分的鼓励和支持，要对达成目标的学生给予奖励，也要对未达成目标的学生进行激励。每堂课教学目标的达成也可作为学生期末的学习评价标准之一，以此提高学生的体育学习积极性。

第四章　教育改革视角下的
体育教学内容改革

学校体育有着悠久的发展历史，并且随着时代的不断发展和进步，其教学内容也发生了一定的变化。因此，要充分了解和认识体育教学内容，并且在此基础上对其发展进行深入分析，还要与高校体育教学的实际情况有机结合，有针对性和目的性地进行改革，进而促进高校体育教学内容的优化，为理想教学效果的取得奠定良好的基础。本章分为体育教学内容概述、体育教学内容的选择与开发、体育教学内容的发展与改革三个部分。

第一节　体育教学内容概述

一、体育教学内容的定义

目前，国内众多学者和专家对体育教学内容的定义莫衷一是，都从不同的角度进行了阐述。《教育大词典》中提出，体育教学内容是学生在学校所学习到的知识、技能、行为、习惯等方面的内容总和；北京师范大学博士生导师毛振明曾在著作中提出，体育教学内容是根据体育教学目标所设计出来的，经过融合学生发展的需求和现实教学条件改造，最终在体育教学中通过身体练习、运动技术学习和教学比赛等形式传授给学生的内容；我国学者陶景阳也对体育教学内容的含义进行了解释，他认为体育教学内容主要体现在体育基本知识和身体练习两个层面，是学生通过教师教学学习到的相关体育基本知识和技术技能的总概括；杭州大学教师金钦昌认为，体育教学内容就是按照现代社会主义所需要的育人目标，把丰富的教学内容设计到各级各类学校的体育教学大纲和教材中，它们既包括体育卫生保健基础理论内容，又包括各种组合形式的锻炼身体的实践内容；上海师范大学教授沈建华认为，体育教学内容是在体育课程目标和体育教学目标的指导下，在体育教学过程中选择性地传授给学生的各种有关体育的健康卫生知识、技术技能和锻炼方法的总称。在体育教学内容的编排分类中，体育教学内容可以根据运动项目分为篮球、足球、排球等，也可以根据人体基本运动能力划分，如跑、跳和投掷等。

笔者对以上专家和学者对体育教学内容的定义进行总结得出：在理论知识层面，体育教学内容涵盖健康体育知识、安全卫生常识、运动情感和保健等理论内容；在能力层面，学生通过体育学习可以锻炼自身社会适应能力、实践能力；在运动实践层面，通过教师教学，学生可以学习运动技能、运动战术和锻炼身体素质等。这些内容是学校根据体育教学目标并结合教学条件和学生需要被设计在一节课或一个单元中，学生再通过教师讲授学习到的各方面内容的总和。

二、体育教学内容的特点

体育教学内容有着较为显著的特点，具体来说，主要包括以下几个方面。

（一）健身性

体育教学内容学习的实质就是学生对体育知识、身体练习和技能的学习。体育教学的主要目的，就是通过对身体练习的运动负荷量以及强度进行合理的安排，利用一定的手段加以调控，从而使学生的体质得到增强，变得更加健康。体育教学内容对于增强学生体质、增进学生健康起到的作用，是其他所有教学内容所不具备的。

（二）娱乐性

发展到现在，体育项目越来越多，而这些项目大多源于游戏，然后经过长期的演变和发展而来。在体育教学中，各项教学内容也是如此，大多来自体育运动项目，由此可以认定体育教学内容带有一定的乐趣性和娱乐性。在体育教学过程中，这种运动娱乐性主要体现为克服困难、协同作战、争夺胜利、表现欲望等心理过程，体现了学生对运动的体验和对学习进步的成就感，体现在运动的环境、场地、比赛规则、比赛形式等的变化和加工方面。当学生学习某项运动技术时，本身就会存在对这种运动乐趣性的追求动机，因此，体育教学内容本身就有一定的娱乐性。

（三）运动实践性

体育教学内容的实质是身体运动的一种实践，这是区别于其他教学内容的地方。体育教学内容可以说是以有关身体运动的学习和身体运动的技能形成为主要培养目标，是以运动为媒介，基于大肌肉群的活动状态进行教育的内容。对体育教学内容的学习并不单单是学生大脑思维的活动，学生不光要对内容进行理解，并且要实际进行运动学习以及身体练习。学生在进行体育学习的过程中，要通过运动中的肌肉本体感觉的形成与对动作的记忆，来判断自己是否真正掌握了教学内容，因此，在体育教学内容中学生的学习是要将思维和行为联系起来的。体育教学内容的学习尤为强调练和做等实践行为，因而呈现出运动实践性的特征。

（四）教育性

一般来说，体育教学内容的教育性主要从以下几个方面得到体现：①对于大多数学生是较为适用的；②有益于学生的身心发展；③既有冒险性又比较安全；④摒弃落后性，发展创新性，避免过于功利性。

（五）非逻辑性

相较于其他学科教学内容来说，体育教学内容的不同之处主要体现在，体育教学内容往往不存在一般学科教学内容之间清晰的由易到难、由简到繁的阶梯性结构，在逻辑结构上，没有明显的从基础到高级的体系，并且体育教学内容的排列并不是直线递进式的而是复合螺旋式的。体育教学内容的组成部分是众多的、相互平行的、可以替代的运动项目以及身体练习，其中蕴含着丰富的体育与健康方面的理论知识。这种特性使得体育教学内容在选择时灵活性更强。

（六）人际交往的开放性

体育教学内容有很多，但大多数内容的主要形式都是集体性活动，这种集体性活动与其他教学不同，往往需要进行时空变换。因此，在体育教学中，即在练习和比赛过程中，学生之间有着非常频繁的交往和交流，与其他学科教学内容相比，体育教学内容在人际交往方面无疑具有更明显的开放性。在体育教学中，正是由于人际交往的开放性特点，教师与学生之间、学生与学生之间的关系才能够更加密切而开放。在这样的情况下，对体育教学内容的学习能够帮助学生有效地提高社会适应能力。

三、体育教学内容的意义

体育教学内容最大的意义就是能最大限度地帮助体育目标实现。在教学活动中，体育教学内容是重要的要素，而要实现教学目标，体育教学内容也是不可或缺的条件，体育教学内容中的每一个步骤都能够使体育教学目标更加接近实现。

在体育教师教学的过程中，体育教学目标是教师执行教学方案的直接依据，因此，体育教师对这方面内容的掌握和了解必须深入，只有做到这一点，体育教师的工作才是合格的。同时随着社会的发展，体育教学的要求不断提高，体育教学内容绝不能一成不变，受限于特定时期，人的认知能力是有限的，所以随着时代的发展，体育教师对体育教学内容的钻研学习必须是持续的。体育教师不断钻研学习教学内容的过程就是教师自身提高的过程。

体育教师必须在对学生的身心发展特点和已有体育水平进行研究的基础上才能选择和确定体育教学内容，所以，从身心发展方面考虑，体育教学内容应该起到进一步的积极促进作用。需要指出的是，这种积极促进作用要想从理论转变为实践，必须由体育教师对学生进行细心指导，这样教学内容才能发挥最大的作用。这就要求体育教师循循善诱，将制定编选的教学内容非常完美地转化成学生发展所需的内容，使其真正感知到这是必需的，这样教师的教和学生的学才能真正融汇到一起，促成师生双方的共同进步。

综上所述，体育教学内容科学合理地选定非常有益于学生在体育课程中的学习，有利于其在体育方面养成良好的习惯，使学生德才兼备，并且不失个性。

第二节　体育教学内容的选择与开发

一、体育教学内容的选择

体育教学内容是教育内容的有机组成部分，是教育思想得以贯彻的重要载体，对于青少年的成长起着重要的作用。由此可见，体育教学内容具有教育性。体育教学内容在经过合理选择与良好加工之后，可以促进学生的身心健康发展，使其形成良好的个性心理品质和积极乐观的生活态度，提高学生适应社会的能力，使其成为具有较高科学素养、优质品德和进取精神的社会主义建设者和接班人。

（一）选择体育教学内容的依据

体育教学内容丰富多样，要想在纷繁复杂的体育教学内容体系中做出合理的选择，应该考虑以下几个因素。

1. 社会需要

体育教学内容应该体现社会对人才的需求，随着现代社会的高速发展，社会对人才的需求也在不断变化。所以对体育教学内容的选择应该不断适应社会的需求，如现阶段社会需要身心健康、社会适应能力强、极具创造力的人才。因此，对体育教学内容的选择也就应该围绕这些需求展开。

2. 体育教学的指导思想和目标

体育教学的指导思想对体育教学具有导向作用，因此，要依据体育教学的指导思想和教学目标选择适合学生的丰富多彩的教学内容。

3. 教学对象的特点

选择体育教学内容时要考虑的因素是学生的身心特点，所选内容的难易、比重、顺序和定量要求都应该符合学生的生长发育、身体素质发展和运动技能形成的规律以及学生的认识活动及心理发展的规律。同时，还要考虑到教学对象的健康状况、体育基础等因素。

4. 实施教学的具体条件

目前我国社会发展存在着区域不平衡的现象，不同地区的教学条件存在着一定的差异。因此，在选择体育教学内容时就要考虑到不同地区的教学条件，合理地选择教学内容，以促进学生的全面发展。

（二）选择体育教学内容的要求

1. 全面性地选择教学内容

《论语·为政》中记载："君子不器。"意思是君子不像器皿一样，只有一方面的用途。这句话常出现在当代的教育理论中，认为素质教育要继承"君子不器"的思想，培养德智体美劳全面发展的学生。对体育教学内容而言，"君子不器"可以这样理解：在选择教学内容时，要将各项运动都容纳其中，大球类、小球类、田径、游泳等，我们要让学生在校园体育阶段，在场地设施允许的条件下尽可能地多学习和接触几项运动，多学会几项运动技能。这样不仅会对学生在学习阶段的身体锻炼起到作用，而且可以使学生找到自己感兴趣的运动项目，将其发展为爱好，养成长期运动的习惯，最终达到终身体育锻炼的目标。

2. 有针对性地选择体育教学项目

在选择体育教学内容时，不妨选择一些与之吻合的运动项目，如球类项目中的篮球、足球与排球运动都是集体性运动项目，在进行练习以及比赛的过程中，想要取得胜利就必须学会团队间的合作与配合，在制定团队战术时每个学生在团体中都有属于自己的位置与作用，学生为了团队的胜利而不去过分凸显个人，这可以培养学生的群体意识与公共意识，但在比赛中有时又要突出个人能力的重要性，也就是让学生在团队集体中仍然保持独立的个性，培养其对比赛形式、战局形成自己的独立见解，这也符合现代教育"相信学生是独一无二的个体"的要求。例如，球类运动中的网球、羽毛球与乒乓球，它们大多以单人项目为主，且具有球速快、变化多等项目特点，开展这类运动能够使学生在练习和比赛中培养观察力、判断力以及反应能力。

3. 注重"因时施教""因地施教"

《礼记·文王世子》和《学记》中均有"时教"的记载，也就是要"因时施教"。古人授课以春夏秋冬四时安排教学内容，观眼于当下，在选择体育教学内容时也可以按照季节来选择适合开展的运动。例如，在北方冬季可以开展冰雪运动。2019 年 6 月 4 日，教育部等四部门发布的《关于加快推进全国青少年冰雪运动进校园的指导意见》中指出，要因地制宜，稳步推进，宜冰则冰、宜雪则雪，室内外相结合，大力发展校园冰雪运动。冰雪运动具有悠久的历史，早在唐代我国北方结冰地区就已经有了滑冰运动，宋代出现了被称为"冰嬉"的体育运动，元代以后"冰嬉"更为盛行，而且规模更大，明代有了"冰床、冰擦"的记载。清代乾隆年间设立了"技勇冰鞋营"，并有一套管理制度和训练方法。但在以往的冬奥会中，欧美争霸占领着主旋律，我国的冰雪运动发展相对缓慢。近年来随着各项国家政策的出台，我国冰雪运动已逐步发展。青少年作为国家未来发展的主力军应当加强对冰雪运动的学习，这不仅可以对全民冰雪运动起到带动作用，而且可以有效消除因季节性而暂停进行体育锻炼的现象，促进积极健康的生活方式的形成，同时也能丰富体育教学活动内容，为我国冰雪体育培养后备人才。体育教师应该强化自身的冰雪运动知识与能力，切实让学生在冬季体育锻炼中享受乐趣、增强体质、健全人格、锤炼意志。相比之下，南方地区因气候条件适宜可将游泳纳入体育教学内容，学校可联系游泳机构和场地定期为学生开展教学，并加强这方面的师资力量。其实早在2012年上海就已经将游泳纳入体育中考项目，随后游泳进入体育中考的地区范围越来越广，如杭州、温州、福州、广州、深圳、江门、南宁等，这对游泳加入体育教学内容起到了极大的促进作用。

二、体育教学内容的开发

（一）体育教学内容的开发设计与构建

在对高校体育教学内容体系进行整体开发设计与构建时，应依据《全国普通高等学校体育课程教学指导纲要》提出的五个领域（运动参与、运动技能、身体健康、心理健康和社会适应），在大纲的框架内，以增进健康和发展体能为主线，以涵盖体育的知识、技能和人文社会学范畴为重点要求来设计和构建体育教学内容体系。应注意与高中阶段体育教学内容的衔接性和递进性，既要避免在教学内容上的严重重复和无序现象，又要避免跨度过大，超出学生的接受能力。

（二）体育教学内容开发的基本原则

体育教学内容开发原则是在开发过程中需要遵循的基本要求，对内容开发具有实践指导意义，必须严格坚守。

1. 安全性原则

体育与健康课程遵循"健康第一"的指导思想，健康中隐含着对安全的要求，没有安全，何谈健康。体育运动挑战与风险并存，或多或少地会出现意外伤害事故，小至轻微擦伤，大至骨折等。在运动过程中出现伤害事故无可厚非，要做到的是最大限度地预防和减少体育安全事故的发生，提高学生的安全防范意识，尽量从根源处减少意外发生的同时，教会学生如何预防和及时进行简单处理。因此，在体育教学内容开发中，首先应保障内容在实施过程中的安全性，其次要增加体育安全教育在教学内容中所占的比重，以提升学生的安全防范意识。

2. 系统性原则

系统性原则意味着应将体育教学内容作为一个整体展开研究，对于教学内容必须从整体出发对其进行把握，如果打破其内在逻辑结构，随意进行黏合，学生只能获取零碎的知识片段，势必会影响到体育教学质量。因此，在体育教学内容开发过程中，必须保障体育教学内容的完整性，各个要素都要兼顾到，而不是顾此失彼。

此外，应遵循内在的逻辑架构，在开发过程中注重系统性和逻辑性，处理好各要素间的关系，力求达到对体育教学内容的有机整合，体现层次的递进性以及各内容要素的关联性。

3. 学生主体性原则

"以学生为本"是教学开发的逻辑起点，在课程改革中也倡导以学习者为中心，因此，进行教学内容开发时应确保学生的主体地位，从两个维度贯彻学生主体性原则。其一，在内容具备实用性的基础上，增添趣味性，以适应学生的需要和兴趣；其二，遵循学生的身心发展规律，循序渐进。

4. 可操作性原则

教师应在教学理论与教学实践之间搭建桥梁，这座桥梁的形成也是教学内容开发的价值所在。体育教学内容开发的最终目标指向教学实践，在一线教师中传播、不断丰富，借此得到改进和发展，提升教学效果，这就决定了各项内容必须具有可操作性。假使开发成果难以付诸实践，开发意义也将不复存在，特别是在体育课程改革背景下，如何将各类相关文件转化为教学实践，是广大教师需要思考的问题。体育教学内容不是虚无缥缈的，而是实实在在存在于体育教学过程中的，具有动态性和时效性。因此，在开发体育教学内容时应确保内容的可操作性，才能保障开发的价值。

5. 针对性原则

贯彻针对性原则必须考虑受教育者本身的特点以及区域、气候等客观因素，合理地开发设计体育教学内容。体育教学开发主要从以下两个方面贯彻该原则：一是结合区域特点和学校实际情况，传承并创新发展不同地域、民族的传统特色体育项目，针对区域特点进行体育教学内容的开发与设计；二是大学阶段不同年级之间不应使用通用的教学内容，根据年级的不同应有所区别，不同年龄阶段的人体机能发展特点不同，应针对学生的身心发展规律进行体育教学内容开发。

第三节　体育教学内容的发展与改革

一、体育教育内容的发展趋势

（一）学生价值主体受到的重视程度越来越高

高校在选择体育教学内容时，需要大量人力、物力和财力的支持，体育教学内容的选择是一项非常艰巨的任务，不是简简单单就能完成的，限制的因素非常多，所以每一个方面都要仔细思考、据量。以前高校非常侧重教师教学，但随着体育教学改革浪潮的推进，现在高校已经转变思维模式，更加重视学生对教学内容的理解程度。

（二）更加注重教学主体发展的全面性

传统的体育教学思想和形式可以理解为一种体能课程，因为它把所有的关注点都放在学生的跑、跳等身体体能层面。在国家推行教学改革之后，素质教育被提上日程，学校承担着促进学生素质全面发展的重任。所以，在教学内容选择上，高校更注重学生的全面发展。

（三）不断引进民族特色项目

一般情况下，学生更喜爱有趣和新颖的体育活动。所以，高校在选择和确定体育教学内容时，还要注意一些体育项目的创新、改革和发展。此外，中国多民族的特点决定了各民族都有优秀的民族特色体育项目，这些民族特色体育项目有自己的特点和良好的运用价值，高校在选择体育内容时可以适当地对其进行引进。

二、体育教育内容改革的措施

（一）注重体育教学内容的综合性

在体育教学中，教师的首要任务是教会学生基本的体育知识和运动技能，明确育人目标，要遵循学生的身心发展规律及特征，对学生健康进行诊断，有针对性地选择教学内容。

高校体育教学内容应包括陈述性知识、程序性知识及元认知知识。陈述性知识包括体育基本理论知识、健康体适能知识、基本运动技能和专项运动技能。陈述性知识是学科教学的载体，也是学生生成性学习的基础，科学合理地选择加工学习内容，是提高教学质量的关键。高校体育课教学陈述性知识的学习要促进学生养成必备的体育运动能力、形成健康的体育行为以及养成良好的体育道德情操，要培养学生专项化的运动能力以及适应社会生活的基本技能。程序性知识是动态的生成性知识，具有自动化的特点，即学生在学习掌握了正确的理论知识技能后，能够熟练开展身体活动，通过身体锻炼的形式，发展身体，挖掘潜能。体育教学的元认知知识包括体育情感、意志品质等。不同的体育运动项目涵盖不同的体育运动情感，能够使学生形成个性的意志品质。例如，田径运动培养学生吃苦耐劳、坚持不懈的品质，球类运动培养学生合作共赢的精神等。元认知知识是一种潜在的、隐藏的、深层的体育教学内容，要求教师充分进行体育教学设计，更好地体现不同项目涵盖的意志品质，促进学生的综合发展。

高校体育教学内容还应与其他学科内容相结合，不单指融入课程思政，更要和学生的专业知识相结合，让学生体育活动和文化学习两不误。另外，在体育课堂中融入的体育游戏和体育竞赛可以根据学生的喜好进行设计，让学生动手实操策划体育活动，培养学生的体育实践能力，为适应社会生活做准备。在体育基本理论的学习中，高校可以开展特色的体育理论知识专题性讲座，并融入健康体适能教育，促进学生提高身体健康意识。体育学习应该与校园文化相结合，彰显学校的体育文化特色。例如，清华大学在新生入学时开展了"开学第一跑"的体育文化主题活动，充分调动了学生体育学习的积极性。高校还可以开展各式各样的校园体育文化艺术节，这样不仅能够提高学生参与体育活动的积极性，而且能为学生提供展示自我优势的平台，让学生在高校学习中体验体育学习的乐趣。体育活动应面向全体学生，不能仅针对体育运动成绩好的学生，而要让全体学生都参加体育活动。

（二）多方联动聚合力，确保体育教学有序发展

各地领导和行政部门要重视体育教学课程，做好体育教学工作，正确认识体育这门学科对学生发展的重要性，做好监督工作，加大对体育的支持力度。定期组织教学会议，对教学改革中出现的新问题进行探讨、交流，积极组织各种体育赛事，促进学校体育教育教学的发展。

（三）统筹课标、教材、教学计划、教学的连续性

严格把控课标、教材、教学计划、教学这条理想主线，认真遴选体育教学内容，合理安排。建立大学同学科交流平台，增加教师培训学习的机会。针对教师

对课标内容学习、落实不到位，教学中教学计划安排与课标有差异，教授内容不连续、教学评价单一等问题，有关教育部门应建立教师发展交流平台，多研讨，通过线上线下会议交流学习，通过听、评、赛课等多种形式，增加教师之间的沟通机会，探讨自己所带学段、年级体育学习的内容。不同地区、不同学段、不同年级的高校体育教师应定期交流和反馈体育教学内容、方法和手段，增加不同时期的体育课程知识，总结中学和大学体育课程的衔接方案。

（四）以实践为主，兼顾系统理论的学习

体育教学中，通过对体育理论课的学习，学生能够更好地树立正确的体育观。教师坚持理论学习，理论课教授中才会得心应手。因此，应改革体育理论课的教学内容，让学生对体育理论课的学习有更清楚的理解；改进教学方法，讲练结合；使用现代教育技术，如绘画、挂图等；定期进行体育理论课的考核，引起学生重视。

（五）与时俱进地选择体育教学内容

学生对体育教学内容的感兴趣程度，决定了学生参与体育活动的态度和行为。教师在选择体育教学内容时，应提前考察学生的学习状况和基础，跟上时代需求。上课形式可以根据学生的学习基础，分层走班。到了大学，学生的体育学习兴趣差异更加明显，因此教师应利用现有的资源，尽可能地满足学生体育学习的需求和诉求。

（六）重视室内体育教学并设计相应内容

首先，可以利用多媒体播放并讲解奥林匹克运动会、各类运动项目比赛、民族传统体育等相关知识，引导学生深入了解体育，领会体育精神，传承体育文化。其次，可以利用室内教学对体育基础知识进行补充讲解，做到理论与实际相结合。再次，教师可以选取幅度较小的动作组合、欢快的音乐创编趣味室内操等，使室内教学同样起到活动身体的作用。最后，可以将一些适合室内开展的体育项目引入教室，如藏族民间传统体育中的"吉韧"和蒙古族的传统体育活动"俄尔多"等就非常适合在室内教学时应用，在提升教学内容的趣味性的同时还可以促进体育文化的传承。

（七）设置多样化的教学课程

高校体育教学内容改革最关键的就是制定特色化、科学化、多样化的教学课程。高校体育教学内容改革可以结合高校教育教学管理总体策略，设置多样化的高校体育教学课程，既可以满足学生的运动需求，又可以将学生感兴趣的体育项

目融入高校体育教学课程。例如，将瑜伽、武术、健美操、轮滑、花样篮球等诸多内容融入高校体育教学，打造高校体育教学课程特色，让广大学生爱上体育运动、自主自觉参与到体育运动中。高校应结合学生实际需求，明确课程目标和课程教学重点，积极转变传统教学模式，为学生日后可持续发展打下良好的基础，展现出高校教育特色。

总而言之，高校体育教学是高校教育的重要组成部分，直接影响着学生的身心健康发展，更是高质量人才培养的重要内容。高校必须认识到教育教学管理存在的缺陷，致力于学生终身发展，科学合理地进行教学内容改革，完善教学管理模式，为高质量人才培养打下良好基础。

第五章　教育改革视角下的体育教学模式改革

体育是高校的重要学科，具有独有的育人性，对于大学生身体素质、心理素养的提升中具有促进意义。新时代背景下，体育教学模式落后问题凸显，影响大学生对体育学科的学习，因此，体育教学模式的改革迫在眉睫。本章分为体育教学模式概述、体育教学模式的构建与应用、体育教学模式的发展与改革三个部分。

第一节　体育教学模式概述

一、教学模式的概念

教学模式是指某种活动方案经过多次实践的检验和提炼，形成了相对稳定的、系统化和理论化的教学结构。因此，教学模式既是理论体系的具体化，又是教学经验的一种系统概括。对于教学模式的概念及内涵的说法有以下几种：一是行为范型说。最具代表性的是美国学者乔伊斯（Joyce）和威尔（Will）对教学模式的定义，他们认为教学模式是构成课程（长时的学习课程）、选择教材、指导在教室和其他环境中的教学活动的一种计划或范型。二是方法系统说。苏联教育家巴班斯基（Babanskiy）认为，教学模式是教学实践中基于教学形式和方法的系统结合而产生的一种综合性的形式。教学模式是适用于某些特定教学情境的特殊教学方法，是协调应用各种教学方法的过程中形成的动态系统，是多种教学方法的综合。三是范畴结构说。教学模式是教学结构在空间维度和时间维度上的稳定形式。四是系统要素说。完整的教学模式至少包括理论基础、教学目标、教学程序、辅助条件、评价标准五个要素。五是程序方法说。教学模式是依据教学思想和教学规律而形成的在教学过程中必须遵守的、比较稳固的教学程序及其方法的策略体系，包括教学过程中诸要素的组合方式、教学程序及其相应的策略。

教学模式的职能可以概括为两点：第一，教学模式是基础理论应用于教学实践的转化环节。教学模式为某个主题所涉及的各种因素和相互关系提供了一个比较完整的结构，其中包括可供达到某一教学目标的必备条件和实施的程序与方法。教学模式具有典型性、参照性、多样性，因此使抽象的理论便于模仿和操作，这对广大教学实际工作者在设计和组织各种具体教学活动方面来说，具有咨询服务的功能。这就是教学模式的教学法职能。第二，教学模式是由教学经验上升到教学理论的转化环节，是由假设走向真理的必由之路。教学模式不仅是对教学实践中某一类具体教学活动的优选、概括和加工，而且包含一定的预测、设想，它所提出的框架一方面可以用来指导实践，另一方面可以通过不断的实践和试验在理论上进一步系统化、规范化，并为教学理论的研究不断提供各种素材。因此，教学模式又是个别的特殊经验转化为一般理论的中介环节，对于教学理论的丰富发展具有原料加工、理论建构的功能。这就是教学模式的研究法职能。

二、体育教学模式的概念

我国从 20 世纪 80 年代开始了对体育教学模式的研究，一些体育科研工作者分别从不同的角度对体育教学模式的概念进行了定义，如表 5-1 所示。

表 5-1　部分学者对体育教学模式的定义

学者	定义
毛振明	体育教学模式是指体现某种教学思想的教学程序，包括相对稳定的教学过程结构和相应的教学方法体系，主要体现在教学单元和教学课程的设计上
肖焕禹	体育教学模式是指在一定的教学思想指导下，为完成规定的教学目标而形成的规范化程序，包括相对稳定的教学过程结构和教学方法体系
邵伟德	体育教学模式是指以教学单元为形式的，能够呈现出特定教学思想的相对稳定的教学程序
李杰凯	体育教学模式是蕴含特定体育教学思想，针对特定体育教学目标，在特定教学环境下实现其特定功能的有效教学活动结构和框架
徐剑	体育教学模式指的是基于教学思想或教学理论，体育教学活动中各要素相关联系与作用，以动静结合、协调统一的方式，有机构成的整体程序

从表 5-1 可以发现各个学者关于体育教学模式的定义并未达成一致，但是各个学者对体育教学模式的概念界定也存在共性，表现为要素相同或相近，在体育模式概念定义中，学者均对理论以及思想、教学过程与方法、稳定的教学模式进行了表示，且均表示理论与思想是基础，是指导，教学过程与方法是载体。通过对以上学者对体育教学模式概念的界定的总结，笔者将体育教学模式界定为在一定的教学理论或教学思想指导下，以实现教学目标为目的，以教学单元为载体的具备相对稳定的教学过程结构与教学方法体系的教学范型。

三、体育教学模式的构成要素

不同的教学理论对教学活动中的要素注重点不同，由此出现了不同的教学模式。对体育教学模式构成要素的认识关系到能否正确运用它的问题，依据不同标准，体育教学模式的要素可以用不同的方式进行分类。笔者通过对体育教学模式概念的初步了解，发现体育教学模式不是几个要素的简单叠加，而是体育教学各要素有机结合而形成的。具体来说，体育教学模式应由以下几个要素构成。

（一）教学指导思想

体育教学指导思想是体育教学模式的基础，是体育教学模式实践的导向。体育教学指导思想并不是一成不变的，因此，多样的体育教学模式应根据其不同的教学指导思想进行实践，不同的教学指导思想生成了不同的教学模式特点，造就了不同教学模式的独特性，也是不同教学模式的区别所在。

（二）教学目标

教学目标是教学模式的核心因素，任何教学模式都要围绕其教学目标展开。教学目标既是教学效果的体现，又是教学任务的目的，而且是教学效果与教学质量的检验与评价标准。教学活动在教学目标的导向下，以特定的教学程序与教学条件开展教学活动，从而保证良好教学效果的实现。

（三）教学过程

教学过程是教学模式的具体体现，是教学模式的主要构成部分，是教学模式中各个要素互相作用、互相联系的载体。体育教学过程是指在体育教学中为达成一定的体育教学目标，体育教师与学生等教学组成要素相互作用而展开的教学活动行程。

（四）教学方法

体育教学模式中不仅要有体育教学指导思想，更要有具体的可操作的教学方法。教学方法是教学指导思想的具体表现，根据教学模式的特征，不同的教学模式其教学方法也不尽相同，并且教学方法在教学模式中并不是单一的，更多的是在符合体育教学模式特征的前提下多种教学方法共同作用，从而形成体育教学模式的教学方法体系。

（五）教学评价

教学过程中的教学质量以及教学完成后的教学效果，都需要对教学目标进行反馈，即教学评价。教学评价是对教学过程中出现问题的反思与改进，从而达到不断完善教学模式的目的。不同教学模式的教学过程以及教学方法并不相同，因此，不同教学模式的教学评价也要根据教学模式的特征进行设定，从而制定相对应的教学评价标准。

第二节　体育教学模式的构建与应用

一、小群体体育教学模式的构建与应用

（一）小群体体育教学模式的概念

小群体体育教学模式主要是依据体育学习群体发展和发挥教育作用的规律而设计的，深入挖掘群体教学优势，教学思想围绕"群体"二字而开展，同时该模式试图通过群体间的活动达到"1+1 ＞ 2"的效果，提高学习效率，使学生又快又好地掌握所学内容。

小群体体育教学模式是以学生的身心、知识技能等多元目标为出发点，同时注重培养学生的竞争意识、合作精神以及主体人格，建立新型的学习关系圈。

小群体体育教学模式的名称大致相同，各学者对该概念内涵的认识基本一致，即指在教师的指导下，把学生按照不同的条件分成一定数量的小组，教师与学生为了达成教学目标，共同参与、互相帮助、互相竞争、共同进步，从而提高教学效果的教学模式。

（二）小群体体育教学模式的解读

1.教学思想

小群体体育教学模式的指导思想是充分发挥集体因素和人际交往的社会性基本作用，让学生在学习小群体中体验不同的角色，明确学习目标，通过群体内与群体间的互动互助互争，以及师生间和同学间的交流协作，发挥学生的积极性、主动性和创造性，达到培养学生社会性的目的。

2.教学目标

小群体体育教学模式目标明确，即在提高学生运动技能的基础上，促进学生交往和培养学生正确的社会行为。

3.教学过程

小群体体育教学模式的教学过程可以从以下四个教学环节进行概括。

第一环节，教学策划环节，教师通过异质分组将学生分成若干小群体，在课前将学生任务和学习目标告知每个小群体，每个小群体在课前通过教学视频、电子书、网络、媒体等方式收集资料，对学习内容进行相互交流、共同预习。

第二环节，在上课之前教师会检查每个小群体在课前的学习情况，然后每个小群体进行组与组之间的点评，最后教师进行总结性点评，并根据每个小群体易犯的错误动作进行有针对性的点评和指导。

第三环节，每个小群体根据教师的点评和指导，通过合作备课及角色互动的形式进行组间学习，对技术动作进行纠正。

第四环节，通过小群体组内的互助、互争以及互动环节后，进行集体评议，形成单元评价，每个小群体的组长将本组的情况反馈给教师，教师则根据学生的反馈情况对教学进行重新策划。

4.操作程序

笔者通过查阅相关文献，深入分析小群体体育教学模式操作程序，发现该模式的操作程序并不统一，但核心内容是非常相似的，主要分为五个步骤：教师提出要求—小群体组成—小群体学习—群体间活动—教师总结评价。

5.基本特点

（1）满足兴趣需要

小群体体育教学模式更好地满足了学生的兴趣需要，可以充分激发学生参与体育课程的积极性，极大地提高了学生从事体育活动的自觉性和主动性，学生成为体育课程真正的主人，并且促使学生把体育活动视为自己生活的重要部分。小群体体育教学模式消除了以往体育教学不尊重学生的主体地位、一刀切教学和定式教学的问题。小群体体育教学模式更注重以学生为中心，发挥教材、教师与器械资源为学生服务的作用，在体育课堂上给学生提供了充足的实践时间，调动了学生的积极性和主动性，有助于学生获得良好的参与体验。小群体体育教学模式更好地把拓展性的体育教学项目融入其中，在学生积极参与体育活动的基础上更强调优化学生的体育思维，引导学生在小群体内部主动探索和思考体育问题。

（2）培养集体意识和竞争意识

小群体体育教学模式是较为实用的现代教育思想，有较强的可操作性和实用性，尊重学生的主体地位，培养学生的主动理念，激发了学生强大的内驱动力。小群体体育教学模式给学生营造了轻松愉快的合作氛围，扩大了学生体育学习资源的来源，有助于学生共享知识，促进学生在集体氛围中更好地掌握体育技能。教师可以将学生个人之间的竞争转化为集体的竞争，进一步培养学生的集体意识，增强学生的竞争意识，有助于学生借助群体资源实现个人体育能力的发展。

（3）尊重学生个体的需要

小群体体育教学模式更充分地尊重了学生个体的需要，强调在尊重个体差异的基础上组成体育学习的群体。学生个体的意见、能力、学习需要在小群体中得到充分的尊重，学生个体在努力适应集体和为集体贡献的过程中获得了成长。学生个体可以在集体中学会表达自己的观点，可以感受来自同伴的帮助，更可以形成主动帮助他人的意识。小群体体育教学模式可以使群体内的成员体会到成功的乐趣，也可以促使成员反思失败的原因，并且给小群体成员提供策划、努力、拼搏的平台。小群体体育教学模式能够促进学生完善人格，同时培养学生个体与他人交往的能力，有效避免了负面问题的产生，切实突出了学生参与体育的主体地位。

6.评价标准

小群体体育教学模式注重评价标准多元化，提倡开发评价的多种功能，摆脱单一的终结性评价，重视对学生学习过程的评价。小群体体育教学模式将教学分为若干个单元，在每个单元开始时和结束后进行单元评价，即诊断性评价，来确定学生的实际水平和提升情况，为体育教学提供依据。

（三）小群体体育教学模式在体育教学中的应用策略

1. 合理划分小组和分工

在高校体育教学活动中，教师可以给予学生一定的自由，让学生根据自己的意愿来组成小群体，并根据具体的体育项目来确定小群体的人数，一般一个小组可以由 6 ～ 9 个学生组成，一组就可以看作一个小群体。无论是在课堂教学上，还是在课外的体育训练中，划分小群体都有助于提高教学质量。而且教师需要在保证小群体稳定的基础上，根据学生的具体情况适当调整学生的分工，如学生的能力、身体情况以及知识水平等，从而有利于提高学生的沟通能力，促进学生成长。

2. 明确小群体的学习目标

高校体育教师在开展体育教学活动时需要先明确小群体学习的目标，并将该目标传达给小群体内的每一个成员，让他们有所了解。在教学中，教师既是组织者，也是管理者，应该积极参与和指导每一个小群体的活动，如处理场地和准备器材等。

3. 选拔适合的小群体队长

将学生分为小群体之后，教师可以从各个小群体中选出一个合适的成员作为该群体的小队长，确保小群体能够有序、稳定地进行训练和学习。挑选出来的小队长必须明确自身的职责，具有一定的责任意识，能够有效安排课堂学习活动和课余活动，并且要有一定的指导能力来指导其他成员的练习。

二、混合式教学模式的构建与应用

（一）混合式教学模式的内涵

国外混合式教学模式源于企业的员工培训，传统的培训模式难以满足企业的预期效益，因此 1999 年美国国际商业机器（IBM）公司开展了"蓝色经理人"（Basic Blue for Manager）的混合式课程，利用"实时绩效支持、交互式的虚拟在线学习、在线协作学习、实验室/课室面对面学习"四阶段学习模式，将在线自学和课堂面授两种教学方式结合在一起[①]。在此之后，混合式教学逐步被引入高等教育领域，美国斯隆联盟（Sloan Consortium）提出"混合式教学就是面对面教学与在线教学的结合，即教学内容上结合一定比例的在线教学及面对面教学"。

通过梳理文献可以看出，此时学界对混合式教学模式的定义还较为宽泛，

---

① 何慧敏. 移动技术支持的大学生英语混合式教学模式研究 [D]. 绵阳：西南科技大学，2020.

如美国发展与培训协会成员哈维·辛格（Harvi Singh）和克里斯·里德（Chris Reed）等人认为，混合式教学就是将适当的学习技术与良好的学习个性相匹配，在适当的时间将适当的技能传递给合适的学习者，从而完成学习的过程[①]。学者罗瓦尔（Rovai）和乔丹（Jordan）认为，将面对面教学和在线学习看成一个连续体，位于两者之间的任何一种模式都被称为混合式教学模式[②]。学者皮奇亚诺（Picciano）认为，混合式教学就是面授课堂与技术的混合[③]。我国最早对混合式教学进行研究的学者是北京师范大学教育技术学院教授何克抗，他在第七届全球华人计算机教育应用大会上首次在我国正式倡导"混合式学习"。他认为，混合式教学的定义为可以结合传统教学和网络化学习的优势，教师监督和引导、学生积极参与的教学方式[④]。华南师范大学教授李克东等人认为，混合学习是传统学习与在线学习的有机结合，其核心思想是运用不同的媒体进行学习[⑤]。

随着混合式教学模式的发展，各学者对混合式教学的定义有了更加精确的界定，并开始尝试界定在线与面授的比例，同时也开始注重混合式教学的教学设计与教学策略及方法。

此后，最早提出混合式教学模式的美国斯隆联盟根据实践发展将其概念重新界定，提出线上教学内容比例占到30%～79%的混合式教学模式才能定义为混合式教学[⑥]。学者米恩斯（Means）等人进一步明确，纳入考核部分的教学内容中的25%以上需要采用在线教学[⑦]。学者阿拉玛丽（Alammary）、谢尔德（Sheard）和卡博内（Carbone）将混合式教学模式归结为三种类型，即低强度型混合、中强度型混合和高强度型混合，低强度型混合指仅在面授课程中加入一些在线课程，中强度型混合指部分面授课程被在线课程活动取代，高强度型混合指完全重新设计课程内容使得在线课程和面授课程更好地融合[⑧]。

---

① Singh H, Reed C, Software C. A white paper：Achieving success with blended learning[J].Centra Software Retrieved, 2001, 12（3）：206-207.

② Rovai A, Jordan H. Blended learning and sense of community: A comparative analysis with traditional and fully online graduate courses [J].International Review of Research in Open and Distance Learning, 2004, 5（2）：1-12.

③ Picciano A. G. Blending with purpose：The multimodal model [J]. Journal ofAsynchronous learning networks, 2009, 13（1）：7-18.

④ 何克抗.从 Blending Learning 看教育技术理论的新发展（上）[J]. 中国电化教育，2004（3）：5-10.

⑤ 李克东，赵建华.混合学习的原理与应用模式 [J]. 电化教育研究，2004（7）：1-6.

⑥ 王路，徐伟丽，赵海田.高校混合式教学模式践行中的问题与对策[J].黑龙江教师发展学院学报，2020，39（8）：40-42.

⑦ Means B, Toyama Y, Murphy R F, et al. The Effectiveness of Online and Blended Learning：AMeta-Analysis of the Empirical Literature[J]. Teachers College Record, 2013, 115（3）：134-162.

⑧ Alammary A, Sheard J, Carbone A . Blended learning in higher education：Three different design approaches[J]. Australasian Journal of Educational Technology, 2014, 30（4）：440-454.

随着"互联网+"时代的到来，混合式教学的定义又有了新的发展，混合式教学的概念由面授教学与在线教学的结合正式演变为"基于移动通信设备、网络学习环境与课堂讨论相结合的教学情境"[①]。越来越多的学者将研究视角放在学生角度，坚持以学生为中心的理念思考为学生创造高参与度、个性化的学习体验。江苏科技大学教师张其亮等人认为，混合式教学是基于Web技术，结合视频、音频、文本、图形、动画等多种多媒体技术，将传统面对面教学与网络教学以及传统教学手段与信息技术手段结合，充分发挥教师的主导作用与学生的主体地位，采用多种评价方式以达到最佳教学效果[②]。贵州师范大学张锦等人认为，混合式教学不单单是传统教学和线上教学的互相补充，也是教学空间、教学时间、教学方式和教学评价的混合[③]。

笔者通过梳理文献，结合国内外专家学者的理解，将混合式教学定义为：利用信息技术手段，将面对面传统课堂教学与在线学习相结合的教学模式，充分发挥两者的优势，保证教师的主导作用及学生的主体地位。

（二）混合式教学模式的特征

1.混合式教学目标的多维性

"互联网+"时代的混合式教学绝不是为了混合而混合，促进学生的"学"是其根本目标，创建高度参与性、个性化的学习体验则是其达成目标的手段和方法。

混合式教学模式相较于传统教学，其多维性特征更为突出，为教与学提供了方向；更强调学生的中心地位、促进学生的学，真正实现学生学会、会学、乐学，更要学好学足。混合式教学打破了时空局限性，延展了教学时空，综合线上教学与传统课堂教学的优势，更突出课程标准中"知识与技能""过程与方法""情感态度价值观"三维的目标体系融合统一，相较于传统教学除了标准化基础知识目标落实外，更关注学生通过自主合作探究的方式发现和内化知识，追求基础知识背后的学生学习方法的掌握和思维能力的发展，真正帮助学生形成必备品格、必备能力，推动学生素养和能力的提升。混合式教学相较于传统教学前置了基础知识讲授环节，使学生通过微课视频等资源实现对基础知识的学习，从而达成低阶目标。学生带着先验知识回归课堂，这时学生仍是课堂的主人，相较于线上学

① 冯晓英，王瑞雪，吴怡君.国内外混合式教学研究现状述评：基于混合式教学的分析框架[J].远程教育杂志，2018，36（3）：13-24.

② 张其亮，王爱春.基于"翻转课堂"的新型混合式教学模式研究[J].现代教育技术，2014，24（4）：27-32.

③ 张锦，杜尚荣.混合式教学的内涵、价值诉求及实施路径[J].教学与管理，2020（9）：11-13.

习更能够获得教师面对面的帮助，学生在教师提供的情景与学习支架帮助下通过合作探究、讨论交流进一步内化知识，促进高阶目标的落实，实现深度学习，并且这一过程相较于传统教学更强调学生的高度参与、学习体验，更有利于学生达成过程与方法目标。学生在课下能够继续深化学习、综合运用知识，进一步促进思维能力发展。由此可见，混合式教学模式相较于传统教学模式，更能促进三维目标的融合统一和高阶目标的达成，其目标多维性更为突出。

2. 混合式教学过程的丰富性

传统教学的教学活动多在课堂中完成，受教学时空的影响，学生在课下难以获得教师的指导，疑惑常常得不到及时解决，学生学习更多依赖课堂教学，难以养成良好的自主学习习惯。而混合式教学将线上教学与传统面对面教学相结合，延展了教学过程，使其不受教学时空的限制，教学过程更具丰富性。混合式教学的各环节紧密相连，形成一个闭环式的连贯完整的过程，教学过程逐层相扣，便于为学生提供针对性的教学。课前，教师首先发放任务清单和线上学习资源，明确教学目的，帮助学生在任务驱动下进行学习。线上教学前置了传统的课堂基础知识的讲授，使学生能够在课前对基础知识进行学习思考，师生、学生在课下同样可以通过线上方式进行及时沟通交流、疑惑解答，通过学习共同体的交流进而互相启发、激发思维，最后发放预习成果检测单帮助学生实时检测学习成果并使教师获得教学反馈。课中，线下课堂也不是对传统课堂的照搬，混合式教学的线下课堂指向更高的学习目标，课堂上针对学生在课前学习中反馈的共性问题结合重难点采取多样的教学方式，师生、生生间充分讨论互动，学生内化、应用分析所学基础知识，实现高阶学习目标，引导学生深度学习，课堂结束前发放当堂检测。课下，教师根据学生当堂检测情况发放针对性、个性化的巩固学习任务，学生通过在线课程及交流平台，继续巩固所学知识，根据课程中的指引继续拓展学习相关知识，对于课上未掌握的知识点也可继续学习。从任务发放到最后的巩固总结归纳、拓展延伸再到新的任务发放，教学不受时空的局限，线上线下教学紧密衔接，整个教学过程环环相扣，先学后教、以学促教、以教促学，真正实现教学相长。

3. 混合式教学关系的主体间性

混合式教学追求师生关系的主体间性，区别于传统教学中教师居于主体地位、主宰整个教学过程的局面，混合式教学强调教学过程中师生平等、积极主动参与互动、交往及对话，在地位上真正平等，二者同为主体。混合式教学以交互为核心，为师生营造便利、自由平等、多向交互的环境；线上师生通过学习平台、学习群等及时沟通交流，学生通过自学搜集资料后进行线上交流，从而碰撞思想、共享知识，获得思维启发后更加乐于思考，乐于主动发现问题、解决问题，同时教师能更充分地了解学生的想法及困惑，从而采取针对性教学；线下师生面对面多向交流互动，进一步深入探究问题，促进信息资源共享及情感交流，进一步拉近师生关系。

4.混合式教学资源的整合性

混合式教学打破了传统课堂教学资源单一的局面，以联通主义理论为基础，更强调信息化社会中网络信息资源对学生能力的培养，强调学生与他人、知识、环境、资源的广泛联结，追求学生学会学习、学会挖掘学习资源而不是局限于现有知识的学习。混合式教学注重多渠道整合优质教学资源，更具综合性、多样性、生成性、针对性，注重培养学生学会学习的能力及信息化素养。

混合式教学将线上教学资源与线下教学资源深度融合，发扬了线上网络资源的丰富性、获取便捷性和高重复利用率的优势，而克服了其因种类数量过于繁多导致的杂乱无章、质量不一的弊端，将网络资源与教学内容、教学目标和学生特点水平有效整合，契合性和针对性更强，为学生自主学习提供有力抓手，避免因网络资源过于丰富杂乱、关联性不强而导致的在搜集学习过程中浪费过多时间、学习效率低的问题。另外，混合式教学整合多样教学资源，具有丰富性、完整性；教学资源与整个教学过程的各个环节相匹配，线上教学资源与线下教学资源、教师教的资源与学生学的资源相融合，相互衔接、相互连贯；混合式教学资源丰富多样，除了最基本的线上线下资源和教与学的资源整合外，还有预设与生成资源、动态与静态资源、理论性与方法性资源、讲解性和测试性资源等相整合，使教学资源由平面化走向多维立体化，各种资源优势互补，从而全方位调动学生的积极性并启发学生的思维，促进学生学习。

（三）高校体育混合式教学模式设计

1.教学活动设计

遵循著名教育家巴班斯基（Babanskiy）的"教学过程最优化"学习思想，对高校体育"线上＋线下"混合式教学来说，整个教学活动的设计要充分体现"教师主导、学生主体"，将多种教学方法进行优化组合以实现教学目标。

教师在开展教学活动前应调查学生的运动技能水平，划分"线上＋线下"分层合作学习小组，要求学生完成线上、线下学习任务，并与学生一起完成线上、线下教学测评工作；在整个教学活动中，学生以宿舍、自由组合或指定分组等形式组建合作学习小组，并根据教师布置的学习任务制订个人和小组线上、线下学习计划，开展合作研讨与线上、线下交流，最后完成学习总结，整个教学过程中都要保持师生之间的即时互动交流。

2. 教学过程设计

教师在整个教学过程中都应注重师生之间的互动关系，突出学生主体、教师主导作用，营造线上与线下相结合的混合式教学环境。其中，线上教学依托小规模限制性在线课程（SPOC）、慕课（MOOC）或结合教师制作的 PPT 课件、微视频建立网络交流学习平台。学生借助网络平台完成课前预习和课后互动，加深对体育知识技能的理解，养成主动学习体育知识与技能的习惯，增强主动思考问题的意识，提高解决体育知识与技能相关问题的能力。学生通过网络平台完成课前预习后，学习过程中的疑惑和问题应在实践课堂中加以解决。在实践课堂教学环节，教师需要完成准备部分、基本部分和结束部分的常规性教学。在这一过程中，教师的主导作用在于借助场地器材和多媒体等资源进行答疑解惑，引导学生创造性地解决问题。除了解决网络平台上学生反馈的问题外，教师还要总结归纳线下实践课堂中发现的问题和学生在体育运动实践中反馈的问题，组织学生讨论，并把是否完成教学任务、达成教学目标作为下次课教学实施的反馈依据。

3. 教学方法设计

根据高校体育课程特点和近年来线上、线下体育实践教学成功经验，可选用线上同步、线下同步、线上异步和线下异步四类教学方法，各类教学方法在"线上＋线下"混合式教学系统坐标系中是相互依赖、相互支撑、相互促进的协同关系，由此构成一个相对完整的"线上＋线下""同步＋异步"相结合的教学方法体系。线上同步教学法是教师通过各类网络直播平台与学生进行实时互动，线上即时发布学习任务、视频反馈体育学习情况，帮助学生分析、解决学习中存在的问题，达到运动技能持续改进的目的。线上异步教学法是学生在教师的指导下，利用学习平台、互动学习工具等进行自主学习的一种方法。

（四）混合式教学模式在体育教学中的应用策略

1. 打造线上教学平台

在体育教学中应用混合式教学模式，需要打造线上教学平台。教师需要突破传统教学模式、教学理念的桎梏，积极应用现代科学技术，开发体育教学资源，并根据教学方向、教学方案准备相应的教学资源内容。体育教学资源较为丰富，教师在开发教学资源时可以通过视频、图片的形式将教学资源展示出来，但在开发过程中需要注意以下几点：一是在开发教学资源时，需要将体育教学内容中的重点、难点进行细化，从而能够对每一个技能点、知识点进行讲解；二是注重分层教学模式的应用，在教学中尊重学生的差异性，从体育教学目标出发，明晰教学内容，使学生能够有层次地理解教学内容，在不同学习阶段都能够获得提升；三是在开发体育教学资源的过程中，选择能够适用于微课教学的资源，充分发挥微课的价值，使学生能够积极开展自主学习，激发学生的学习兴趣，增进学生对知识内容的理解。

2. 积极开展线下教学

为了更好地落实混合式教学模式在体育教学中的应用，需要教师积极开展线下教学。在线上教学落实之后，显著提升了体育教学的开展效率，能够更加顺利地开展课堂教学。在运用混合式教学模式之后，教师可以通过微视频的形式将教学内容提前传到教学平台上，学生在课前预习本节课的知识内容，了解本堂课的重难点，从而在课上有目的性地听课与学习；而教师可以结合学生的观看记录，进一步了解学生的学习进度，从而开展有针对性的线下课堂教学。通过这种方式，体育教师不仅能够节约课上时间，还能够明确教学重点，使学生更好地掌握体育知识，有效提升学生的课堂参与积极性，从整体上提高线下体育教学的质量。

3. 树立混合式教学应用观念

教师和学生长期受到传统教学观念的影响，一时半会儿很难接受新的教学方法，因此，学校可以通过混合式教学的专题讲座、混合式教学研讨会等对混合式教学进行宣传，使教师树立混合式教学应用观念，促进学生思想观念的转变，让教师积极主动地运用混合式教学，共同促进混合式教学的发展。

4. 拓展混合式教学应用深度

推进教育教学现代化就必须提高教育教学的信息化水平，然而部分高校体育教师对混合式教学的应用比较少，因此，高校应加强智慧校园建设，给学生提供丰富的数字资源，营造信息化的学习氛围，并不断优化教学方法以及学习方法，建立与混合式教学相适应的评价体系，建立相关的课程资源平台，满足学生的求知需求。

5.理顺线下教学与线上教学的关系

混合式教学将原本单纯的线下体育教学分为线上体育教学和线下体育教学两个环节，怎样处理线上与线下的关系是一个不可回避的问题。不论是体育课程的性质、目的，还是内容、评价，其落脚点都是运动实践，显然不是靠线上体育教学就能实现的，否则线下体育教学也就失去了存在的意义。所以，混合式体育教学必须围绕线下学生的运动实践来进行组织设计，对线上体育教学与线下体育教学的目的和任务进行划分。

（1）线上体育教学为线下体育教学提供技术支持，提高课内教学效率

一方面，线上体育课程资源为学生课前预习、课后巩固提供帮助。如今，高校体育主要实行以项目为主的选课制。学生要么没有购买纸质版教材，要么一些项目缺少纸质版教材。如果教师能够为学生提供相应的线上体育课程资源，学生就能够随时进行预习或复习，预先了解课程学习目标和学习内容，预习重难点后进行练习，教师在线下授课时解决难题，这样就能有效提高体育课的质量和效率。另一方面，线上体育课程资源能够在线下体育教学无法正常进行的情况下提供教学备选方案。体育课大多在露天场地进行，受天气的影响较大，尤其很多高校的体育课除羽毛球、乒乓球、舞蹈等少数项目在室内场地授课，其他项目都在室外上课，遇到下雨天时多数会取消课程且没有补课，在一定程度上影响了教学进度。这种情况下采用线上体育教学，有助于体育教学任务的完成。

（2）线下体育教学突出运动实践教学，是课程的主干部分

在线上体育教学的支持下，线下体育教学将围绕运动技战术的重点、难点进行针对性指导，解决学生在运动实践中遇到的各种问题，同时拥有更多的时间进行课内教学比赛，提高学生技战术的综合运用能力。

（3）线上体育教学与线下体育教学是一个有机结合的整体

线上与线下共同实现体育课教学目标，将各自的优势发挥，弥补彼此的不足，从而构成相互支撑的整体。因此，高校体育混合式教学应统筹哪些内容可以在线上进行，哪些必须在线下进行。

三、翻转课堂教学模式的构建与应用

（一）翻转课堂教学模式的概念

翻转课堂教学模式缺少官方的概念定义，并且随着时间的推移，不同学者对翻转课堂教学模式的研究方向各不相同，进而产生了形式各异的解读。翻转课堂

是让学生按照自己的时间与方法在家中听课,在课堂上与教师和同学一起解决疑问,将知识内化放在了课堂上而非传统课堂的课后练习与复习。

被誉为翻转课堂先驱的美国学者乔纳森·伯格曼(Jonathan Bergmann)认为,翻转课堂是一种自由性很高的教学环境,在此环境下的学生可以得到个性化教育。学生在翻转课堂中对自己的学习方法与效果负责,从而课堂积极性会得到相应的提高;讲台不再是教师的一言堂,而是学生自主学习的自由发挥地;翻转课堂还能使课堂上的教学内容以视频的方式保存,学生可随时根据自己的情况进行复习,使因事请假而到不了学校的学生能在校外学习。

笔者认为,翻转课堂教学模式是指将传统的课堂环节进行翻转,使学生与教师的角色进行互换,以达到学生主动践行的教学效果。即课前自主学习阶段,教师通过布置微课与学习资料,学生进行自主学习与思考;课中合作学习阶段,教师通过各种教学方法与活动提高学生的学习积极性,使学生充分参与学习这一过程,进而主动进行学习与知识内化;课后评价反馈阶段,教师对学生的学习成果进行反馈评价,重点解决疑点难点,使学生更好地掌握知识。

(二)翻转课堂教学模式的特点

1. 教学流程的翻转

传统教学模式中,教师在课堂上传授知识,布置作业,学生课下完成作业,进行知识的内化。在翻转课堂中,学生则在课下利用教师准备的学习资料进行知识学习,思考掌握不牢的知识,课上由教师带领,通过各种活动,使班级中的学生参与进来,从而实现知识内化和师生角色的转换。在翻转课堂教学模式中,教师改变以往灌输者的身份,从讲台走到学生中间成为课堂活动的推动者,不再是知识交互和应用的中心,只在学生遇到问题需要帮助时提供引导,使课堂活动发挥知识内化的最大效能。学生改变以往被动的知识接受者的身份,发挥自身的学习能力,通过课外学习资源和信息技术来主动学习知识。

2. 评价体系的转变

在评价目的上,传统的教学评价主要指向学生的成绩,忽视了对学生能力的评价。翻转课堂的评价以激励性评价为主,更加注重学生的全面发展、建立自信、面向未来。在评价主体上,翻转课堂教学模式强调评价主体多元化,所有与教学相关的主体都包含在内,如教师、学生和家长等。在评价方法上,传统课堂的评价方法主要以考试为主,是单一的、不全面的,翻转课堂将过程性评价与质性评价相结合，除了将测试作为评价方法，课堂表现、课前学习情况等都作为学生的评价方法。

（三）翻转课堂教学模式的形式与本质特征

1. 课堂教学的形式及本质特征

翻转课堂教学模式的教学本质是教师通过传媒技术的支持，实现直接学习从大群体学习空间向个人学习空间的转移。在传统教学中，学生需要经历课前预习、课堂教师讲解和课后复习三个阶段。在课前预习阶段，学生在课前自主通过课本、教材全解等资料来预习陈述性知识，获取的大多数是具有信息传递性的知识内容，但即使学生没有完成预习任务，通过教师在课堂上详细、重复的讲述，仍然能跟上教学进度，课后通过家庭作业等方式内化所学知识。翻转课堂教学中，学生至少需要经历课前自主学习和课堂内化知识两个阶段。翻转课堂将传统教学中陈述性知识的学习转换成学生课前自学，即学生通过观看教师录制的教学视频、制作的导学案或其他教学资料完成陈述性知识的自主学习；而传统教学中的程序性知识的学习转换成课堂师生共同学习，课堂上教师不再详细讲解每部分内容，而是针对学生课前学习遇到的难以理解的抽象概念、疑难问题等通过学习汇报、组间研讨、小组间研讨、师生共同探讨、测评等多种形式完成对程序性知识的理解和内化。因此，学生在课前必须积极主动、认真地完成课前自学内容，不然可能跟不上教学进度。

美国教育学家本杰明·布鲁姆（Benjamin Bloom）根据学习者对知识领悟程度的高低，将教学目标分为"知识、领会、应用、分析、综合、评价"六种，2001 年，认知心理学家安德森（Anderson）和克拉斯沃尔（Krathwohl）在《学习、教学和评估的分类学（布鲁姆教育目标分类修订版）》一书中将教学目标修订为"识记、理解、应用、分析、评价、创建"。其中"识记、理解"两个教学目标着重于对知识的描述、记忆或复制，即浅表学习；而"应用、分析、评价、创建"着重于问题解决，即深度学习。

浅表学习是传统教学的着重点，目的在于让学生完成识记和理解两个层次的教学目标，这部分内容的难度较小，学生所需的帮助少，但在传统课堂中，教师却给予了更多的帮助；而对于深度学习则留给学生在课后完成，这部分内容的难度较大，但教师提供的帮助却较少。

在翻转课堂教学中，学生在课前可以通过网络平台、纸质材料等完成浅表学习，教师并不会过多插手这部分内容的学习；课堂上则主要完成深度学习，教师为学生提供了更多的帮助。与传统教学相比，翻转课堂教学模式更为科学，更有利于培养学生的能力。这是由于翻转课堂教学让学生在课前就经历对信息的分析与综合，结合已有知识对事物本质做出分析与判断，而课中的交流讨论能够使学生形成更为精准的知识结构，思维能力获得进一步提升。

2.学生学习的形式及本质特征

翻转课堂教学模式让学生由教学的客体转变为教学的主体，由被动的知识接受者转变为主动的知识学习者。在传统课堂中，学生跟随教师的讲授完成浅表学习，对于知识更深层次的理解依赖课后自主练习与应用。在翻转课堂教学中，浅表学习的目标由学生课前通过对教学视频、导学案等学习资料的自主学习达成，对于知识更深刻的理解与应用则由学生与教师在课堂上共同讨论完成。由此可见，与传统教学相比，翻转课堂教学模式着重于学生沟通能力与协作能力的培养，有利于提高学生的批判性思考能力、复杂问题解决能力以及创造力。

以学生为中心是翻转课堂教学与传统教学的本质区别，因此翻转课堂教学之所以取得良好教学效果是因为学生积极主动地自主学习。翻转课堂教学模式的转变促使学生的学习形式也发生了转变，现将翻转课堂教学中学生的几种主要学习形式总结如下。

（1）自主学习

几十年来，自主学习一直受到推崇，各学者从不同的视角，通过对自主学习进行细致的探究，对其产生了自己的见解。就目前的文献资料而言，主要存在以下几种观点。

①自主学习是一种学习形式或手段。自主学习允许学生控制自己的学习，这与其他的学习形式相反。例如，对于各种学习任务，学生可以根据自身情况，先选定适宜的学习手段并拟定好学习方向，再自己监测并控制学习进程，最后自己判断并估量学习成效。

②自主学习是一种自省、自调、自变的过程。学生自主地建构知识并伴有自我调控意识、对自己的行为进行约束、对自己的进程进行了解，积极地调控元认知，拟定学习的方向，选定适宜的学习手段，监测并控制学习进程，评判、估量学习成效。

③从横向的角度来看，自主学习是学生根据自己心理的内在驱使自发地产生学习的念头，自发地选取学习的内容，自发地调整学习的计划，自发地执掌自己的学习时间；从纵向的角度看，自主学习是学生自发地选定适宜的学习手段、自

发地部署学习的方案、完成学习之前的筹划任务，学习中自发地监测并控制学习进程、实时表达对自学中存在问题的意见并针对性地进行改进，学习之后自发地查验、归纳、评估，进而补足学习成效。

通过对自主学习观点的分析能够看出，线上教育中，在基于自主学习的翻转课堂模式下，通过教师的科学引导，学生结合自身的认知情况、方式和教师的教学模式积极地拟定学习方向，选定适宜的学习手段，高效地监测并控制学习进程，实时地判断并估量学习成效，并不断地自我调控，长期持续地学习下去。

（2）合作学习

同伴教学法就是利用学生在课堂上的互动，将学生的注意力集中在知识的概念本质上。在翻转课堂教学中，学生在课前的自主学习中会遇到疑惑、问题，在课堂上可以通过与学生、教师的讨论、互动得到解决，这与同伴教学法有异曲同工之处。即时教学法就是一种通过"基于网络学习任务"和"以学生的自主性学习为主的课堂教学"之间的互补与互动进行教与学的形式。教师可以利用及时教学法获得学生的学习情况反馈并给予学生及时的帮助。因此，在翻转课堂教学中，生生合作、师生合作离不开同伴教学法和及时教学法，教师联合使用两种教学法可以及时了解学生的疑惑，优化教学效果，学生也可以通过这种合作学习的方式提升自身的能力。

（3）基于问题的学习

基于问题的学习是以设定问题的形式，让学生通过相互协作解决问题、获得知识的学习方法。这种学习方法可以应用在翻转课堂教学模式的课前和课堂的任何一部分教学中。在课前的学习中，教师可以在教学视频或导学案等教学资料中设置逐步深入的问题，引导学生逐步学习某一知识点；在课堂教学中，教师可以通过提出一个个问题，让学生逐一解决，从而使学生对知识有更深刻的理解。

3. 教师教学的形式及本质特征

（1）教师角色的转变

翻转课堂教学模式强调先学后教，先学是指学生在上课前借由教师提供的导学案、微课视频、检测材料等自主地学习知识；后教是指在课堂教学中，教师组织学生对课前学习的内容进行深度剖析，引发学生思考，解答学生在自学过程中遇到的疑惑。翻转课堂教学模式要求教师退居幕后，从原来的一讲到底转变为引导和鼓励学生积极地学习。因此，教师在翻转课堂教学模式中不再是传统课堂中的主导者、讲授者，而是学生学习的导学者、助学者、促学者及评学者。

（2）教学准备的转变

翻转课堂教学模式的课前教学目的在于让学生完成浅表学习，即学生通过教学视频、导学案等自学资源完成课前学习任务，并将学习情况及时反馈给教师。由于课前学习需要实现学生自主、有意义地学习，合理创设学习情境，提供多样化的学习素材是教师必须考虑的，目的是为学生自主学习做好知识的准备，同时也能引起学生的学习兴趣。教师在制作短视频、导学案等学习材料前应从课程内容和性质出发确定学习目标，了解学生现有的知识储备情况后选取适合的教学方法、教学策略，从而选取恰当的素材唤醒学生的感性认识，为学生搭建"脚手架"，引导学生逐步完成自学任务。例如，教学方法可选用基于问题的学习，即利用层层递进的问题逐步引导学生以由易到难、由简到繁的顺序完成学习的阶段性目标直至完成终极目标，实现学生的自主建构。

学生完成深度学习目标是翻转课堂内化阶段的目的所在，即课堂着重于释疑，帮助学生建立知识结构，将所学知识内化。这一过程主要采取学生间、师生间合作交流的方式。课前教师需要利用现代信息技术手段与学生进行互动，了解学生的自学情况，即哪些教学目标已达成，哪些教学目标未达成，哪里存在疑惑、问题，从而确定课堂小组讨论、班级交流及师生互动过程的教学目标，并设计相应的教学活动，为学生搭建"脚手架"。学生在互动过程中的学情是随时变化的，因此教师应准备多个教学活动方案以适应课堂内学生不断变化的需求。课堂教学中，教师可以采用同伴教学法和及时教学法，让学生先在组内进行交流讨论，解决部分学生的个别问题，在巡视过程中适时启发帮助学生，然后在班级内进行组间交流，解决共性的问题，对于学生不能自主解决的问题则由教师为学生搭建"脚手架"，帮助学生循序渐进地解决问题。

问题支架教学法可以应用于翻转课堂中的三个环节：问题引导环节、观看视频环节以及问题解决环节。在问题引导环节，问题支架是引起学生认知冲突、产生疑惑的来源，促使学生带着问题观看教学视频；在观看视频环节，问题支架是一种检验手段和反馈机制，学生在此过程中解决课前问题，也可形成与学习情况相关的新问题；在问题解决环节，问题支架帮助学生解决问题。

（四）翻转课堂教学模式实施的意义

翻转课堂教学模式在信息技术的支持下实现了知识传授和知识内化过程的颠倒安排，使学生成为学习过程的主体，学生能够掌控自己的学习进度和学习速度。

学习速度快的学生可以掌握更难的课程内容，速度慢的学生则可以反复学习，并寻求教师的个性化指导。从某种意义上说，翻转课堂教学模式不仅促进了学生的全面发展，还推动了教育模式的变革。翻转课堂教学模式有其独特的研究价值，相较于传统教学，其具有以下优势。

1. 教师的教和学生的学更高效

每个学生都是独立的个体，他们的学习能力也不尽相同。传统课堂教学往往以固定的进度进行，忽视了学生之间的个体差异。这意味着，不同的学生对同样的教学内容掌握程度不同。但是，教师为了按时完成教学内容，没办法停下教学的脚步，等所有学生掌握教学内容再进行下一环节。翻转课堂的出现，恰好弥补了传统课堂的不足。翻转课堂教学模式是在课前将教学视频发放给学生，学生可以通过暂停、回放视频，一直到学会教学内容为止。这样的教育是人性化的，真正贯彻了因材施教的原则。学生在课前能够掌握教学中的重要知识点，那么课堂中的合作、探究部分也能够顺利进行，学生的学习积极性也会大大提高。

在翻转课堂中，除去教师的一张嘴、一支粉笔之外，还结合了现代教育技术，如多媒体的声音、视频、图片等多方位展示，使教学内容更加具象。这有利于帮助学生快速地理解相关教学内容，还有利于提高课堂的趣味性，激发学生的学习兴趣。课堂中的小组分工合作、讨论探究，可以活跃课堂氛围，还可以使学生迸发思维的火花，提升学生的体育综合能力。教师有时间深度挖掘文本的内容，与学生进行交互式探讨。学生的学习认知也更加明确，教师的教也就更加高效了。学生转变了学习方式，由听教师讲授为主转为鼓励学生采用自主学习、合作学习、探究学习、交流学习和展示学习等多样化的学习方式，这有利于提升学生的学科素养，也有利于培养学生的学习能力和探索能力，为培养创新型人才提供可能。

2. 有利于提高教师的教学能力

翻转课堂教学模式要求教师具备一定的信息技术水平，搭建学习平台为课前的教学和课中的教学服务；要求教师课前分享 5 ～ 10 分钟的视频课讲授体育教学重点，然后学生提交导学单，把学习情况反馈给教师，教师进行问题统计。这都要求教师具备相当的信息技术能力。教师要提高相关的信息素养，这是新时代对教师的新挑战。教师通过把信息技术与体育教学相结合，丰富了自身的教学方法，也提高了自身的教学能力。

另外，翻转课堂教学模式也变革了传统课堂的教学资源。传统的教学资源主要是纸质教材和教辅类书籍，但随着互联网时代的到来，学校的教学资源也丰富起来，除了教材，还有多媒体设备，这为课堂增添了音频、视频等教学资源。教师在课堂上的讲授也可以从书本知识中跳脱出来，拓展教材内容。针对学困生难以理解的教学重难点问题，教师可以录制相关教学视频留给学生课后反复自学。这对学困生而言是一个良好的契机，在课下通过自学教学视频弥补自己在学业中的不足，缩短自己与其他学生之间的差距。这样就避免了教师在课堂中围绕某个知识点进行反复讲解，导致教师不得不缩减拓展教学的时间。互联网时代要求教师有一定的多媒体技术应用能力，能够灵敏地感知时代的变化，把教材中的知识与现实需求衔接起来。这对教师而言，也有利于促进其教学水平的提升。

3. 有利于凸显学生的主体地位

学生是学习的主体。翻转课堂具有较强的创新性，在很大程度上弥补了传统教学模式的不足。在翻转课堂教学模式中，学生是教学的重心。翻转课堂教学模式充分明确了学生的主体地位。学生课前自主展开相关学习、思考，这有利于提升学生的主观能动性；由教师"教什么学什么"到学生"学什么教什么"的转变，转变了教师的教学观念；学生由接受式学习到主动式学习，转变了学生的心态。在翻转课堂教学模式中，学生在课前获取了知识，课堂学习积极性提高，也会主动参与到课堂讨论中。透过翻转体育课堂，可以发现教师的主要作用就是引导学生主动参与学习、主动思考并探索。学生的自主意识增强，学生的学习主人翁精神也就得到了体现。

4. 有利于建构和谐的师生关系

翻转课堂突破了教学常规，它做到了把课堂交还给学生。学生把知识学习环节前置到了课前，把知识内化环节前置到了课中，尤其是课中部分，课堂的主体是学生，学生和同学之间的互动交流增多，学生和教师之间的交流层次更深，这有利于提升学生的创新能力和理解能力。翻转课堂有利于促进师生之间的多元互动，培养和激发学生的学习动机，强化深层学习策略的应用。翻转课堂促进了师生之间的有效交流，重构了一种和谐的师生关系。

5. 教育资源共享，促进教育公平

通过互联网信息技术，丰富的教学资源能够迅速传播，因此翻转课堂能够有效缓解教育资源分配不均的矛盾，进一步促进教育公平。翻转课堂教学模式要求教师提前制作教学视频，并在网络上分享给学生，这在一定程度上促进了"互联网＋"在教育中的应用。

通过网络平台，可以实现同步课堂，也可以将优秀的教育资源分享给全国高校。这样一来，就缩小了地域之间、学校之间的教学质量差距，从而促进教育公平。同时，网络教育平台上也有很多优秀的教育资源，教师可以直接下载，并根据教学需要进行修改以适应自身的教学需要，教师也可以通过观看教学视频，提高自身的教学水平、课件制作能力。

（五）翻转课堂教学模式在体育教学中的应用策略

1.明确体育课堂教学任务

将翻转课堂教学模式应用于体育教学中，教师应该合理设计教学任务，从而进一步提升教学质量。在课堂学习任务设计过程中，教师可对学生的课堂学习质量进行检测，也可以为后续教学任务做好铺垫，为后续学生的课程知识学习奠定良好基础。教师在设计教学任务时应该充分结合学生的实际情况，不能盲目设计，要避免教学任务过于简单或过于困难。在教学任务设计过程中，应该充分考虑想要达到的教学目的，如提升学生的身体素质、提升学生的自学能力、激发学生的学习兴趣等，从而提升体育课堂教学的效果。

2.提高体育教师的教学能力与素养

教师是教育改革的主要实施者，提高体育教师的教学能力与综合素养，是教学改革有序实施的重要基础和必要前提。若想在高校体育教学中有效运用翻转课堂，体育教师必须具备丰富的知识、夯实的理论基础、专业的教育实践能力、崇高的职业道德，还要掌握运动人体科学、教育学及心理学等专业知识。

因此，学校要不断强化对体育教师教学能力和专业素养的培养，在日常工作中要重视体育教师技能训练与职业教育培训，尤其要增强教师实施翻转课堂教学的能力，重点提高其信息化教育技能，让体育教师熟悉网络平台操作、视频录制、视频剪辑、翻转课堂教案设计等。在翻转课堂教学模式下，学生并非自由或毫无组织地学习，而是在教师精心设计的教学课堂中展开探讨与探究等活动，体育教学各项设计均围绕着以生为本的理念而实施。无论是学生在课前阶段的体育知识与技能的自学、课堂体育知识与技能的转化，还是学生对课后知识与技能的反思和巩固，都与体育教师精心设计和组织的信息相关。相对于传统的体育教学模式，翻转课堂教学模式对教师的教学能力和素养等提出了较高的要求，教师必须全面理解与认知翻转课堂教学模式，并在教学中进行适应性改变，这样翻转课堂才能充分融入高校体育教学。

3.提高学生的自主学习能力

翻转课堂教学模式要求体育教师在课前针对不同的学生，因材施教地制定体育教学目标、教学计划、教学内容，设计教学过程和环节，从而激发学生对体育学习的兴趣，让学生自觉主动地参与到体育学习中。受传统教学模式的影响，学生的学习方法具有局限性，对于自主学习常常不知所措，这就需要体育教师教授给学生正确的学习方法。在课上，体育教师可以为学生提供展示的平台，加强学生学习的动力，增强学生的自信心。在课下，同学之间可以相互练习、相互展示、相互纠错。此外，体育与其他学科的不同之处在于其具有实践性，因此在课前的自主学习中，体育教师也应当及时跟进，从运动强度、锻炼形式等方面加以指导，避免出现危险。

4.提高体育教学资源的整体质量

当前，教育资源获取渠道主要包括两种：其一，教师亲自设计与制作教育资源；其二，以互联网平台为媒介获取教育资源。对于从不同渠道获取的教育资源的质量问题，所采取的解决方法也有所差异。针对教师亲自设计与制作的体育教学视频来说，一方面，要确保教学内容选材具有创新性。学生在应用网络平台学习体育知识时容易被其他新鲜事物吸引，因此，教师选择的教学内容要具有创新性和趣味性，以此激发学生的求知欲。教师应立足于学生群体视角，充分考虑其自主学习习惯和行为，选择生动准确的体育教学情境，如苏炳添打破亚洲纪录，以此引发学生对苏炳添的田径技巧、比赛技术、心理状态的分析，并普及有关知识。另一方面，教师要确保视频拍摄与制作质量。教师要确保视频声画同步、画质高且声音清晰，还要适当减少视频布局与图画等不必要因素的干扰，视频整体风格统一、字幕规范、色彩协调，为学生营造积极的学习氛围。

5.更新传统体育教学评价方式

在完成体育教学之后，教师需要对学生进行相关考核，考核时要对学生的素养提升与实际表现进行评价，进一步加深对学生学习状态与素质修养的了解，同时也要充分了解学生在考核过程中表现出来的错误思想和错误活动意识，对其进行及时纠正，充分彰显翻转课堂教学模式的作用与意义。教师在评价学生的学习效果时应该改变传统单一评价方法，不但要评价学生的测验分数，还要结合学生的日常表现、学习态度等多方面因素评判学生的综合情况与学习表现。另外，教师还要充分考虑大学生的身心健康状况，让学生在体育活动期间放松身心，通过互动为教师评价准确性奠定基础。

第三节　体育教学模式的发展与改革

一、体育教学模式创新发展趋势

（一）选项式体育教学模式

选项式体育教学模式是指在体育教学中，教师依据教学大纲、教材、学生的需要、场地器材等，向学生提供多种体育项目，由学生根据自己的兴趣、爱好和特长，自主地选择学习项目，按照适合个人和合作小组的学习目标进行主动性学习的一种教学模式。

在高校体育教学的发展中，采用选项式体育教学模式可为学生提供更大的自主性和选择空间。学生可以基于自身兴趣爱好及身体情况、学校教学条件、环境等，选择对应的体育运动项目。该模式相比于传统模式，能够对课程进行精细化区分，从而培养学生终身体育的意识。

（二）分层次型体育教学模式

分层次型体育教学模式是现代高校体育教学的新方式，是对传统并列型模式及三段型模式的深化和细化。在应用过程中，先由体育教师把握教学内容，并基于学生的实际情况，将同一教学班的学生按照身体素质强弱、运动能力高低、体育合格标准成绩和达标成绩等，分为不同教学组别。如男、女 A 组（上等生）、B 组（中上等生）、C 组（中等生）、D 组（下等生）等，根据不同组别设计不同教学目标及教学要求。同时，综合考虑学生的实际情况、身体素质的变化，适当调整分组。该体育教学模式具有很强的针对性，能够避免学生自主选课的弊端，在高校体育教学中具有较好的应用效果。

（三）体育俱乐部教学模式

1. 体育俱乐部教学模式的含义

体育俱乐部教学模式是以俱乐部组织形式进行的体育教学活动模式，以学生的兴趣、爱好和体质差异为基础，学生根据自己的时间和实际状况选择学校所开设的课程。启发式学习、以学生为中心是体育俱乐部教学模式的主要授课方式，在不断探索中根据本校校情制定符合实际的考核标准和教学计划。这种教学模式突破了以教师为主的传统教学方式，实现了以学生为中心的重大转变，它强调课内与课外相结合的学习锻炼原则，突出了对体育文化素质的注重和培养，很好地培养了学生的身体素质和体育运动意识，是目前我国高校采用较多的一种教学模式。

2.体育俱乐部教学模式的优势

（1）充分发挥学生的主体作用

传统的体育课堂通常是体育教师先带领学生做热身运动，然后教授体育技能，其余时间都交给学生，这就容易导致体育课堂秩序混乱、教学效果低。而体育俱乐部教学模式改变了这种现象，根据学生的运动需求，设计更加细化的体育运动项目，帮助学生掌握每一项体育技能，发挥学生的主体性。学生在体育俱乐部教学模式下可以更好地进行运动，锻炼自己的特长，提升运动精神，保证个性化发展，还可以锻炼社交能力和团队协作能力，增加交往机会，在潜移默化中得到提高。

（2）丰富学生的课余文化生活

以前的体育课堂教学都是以班级为单位，在教学过程中存在一定的目的性和差异性，学生把学习体育当成一种负担，很少有学生在课后学习体育知识。而体育俱乐部教学模式具有新颖性，不受课堂和班级的约束，学生可自由加入，还可在课后进行自主运动，只要参加体育俱乐部的活动，就会得到学分，极大地减轻了学生的心理压力，有效缓解了师生之间的矛盾。体育俱乐部集体育运动、体育竞赛、体育文化于一体，拓展了体育教育的时间和空间，对于丰富课余文化生活和体育精神起到至关重要的作用。

（3）强化学生的体育运动观念

体育俱乐部体现了新的教育理念，不再"唯分数论"，没有硬性的考试压力，体育运动的环境相对轻松，学生可选择自己喜欢的运动项目，从而增强体育锻炼意识，养成终身体育习惯。体育俱乐部教学模式也区别于传统教学模式，不再由体育教师把控课堂，教师只在一个固定的时间段进行教育、答疑等，其余时间助理教练员与学生一起进行体育运动，使学生感知体育运动在生活中的意义。体育俱乐部的训练能够启迪学生的心智，培养学生正确的价值观和健康的心理，使其在学习体育的道路上更上一层楼。

二、体育教学模式的改革策略

（一）构建以学生为主体的教学方式

在我国传统的体育教学过程中，运动场是学生学习的主要场地，一般情况下都是教师占主导地位，而学生是被动的接受者，所以我国传统的体育教学模式都是以教师讲授为主的，加之以相应的课堂活动来对学生进行教育，并没有重视学生的主观能动性，也没有充分发挥学生在学习中的主动性。这样的教学模式既阻碍了对学生主体意识的培养，也与目前的时代相脱节，所以应该努力解决传统体育教学过程中存在的问题，通过对学生运用新型的教学模式，发挥学生的主体性，树立科学合理的教育发展观，促进学生的个体发展。

（二）提高教师应用新媒体技术的能力

师德师风是评价教师队伍的重要标准，教师培养一直是学校工作的重中之重，新媒体时代对教师的专业素质提出了更高的要求。教师应加强学习，利用网络资源学习本领域最前沿、最新的教学方法，使自身的技术水平和理论水平不断提高。在新媒体时代，教师应不断提高自身的专业素养，在学生心目中树立良好的形象，并在实际教学过程中对学生产生潜移默化的影响。随着新媒体影响力的不断扩大，体育教师要树立终身学习的意识。为了促进自身专业知识水平的不断提高，教师应通过网络学习最前沿的专业知识，这样才能在体育教学中运用多样化的教学方法，与时代发展需求相适应。

（三）构建以职业体能培养为导向的体育教学体系

新形势下，要想快速推动高校体育教学模式的改革，就必须构建与学科理论相匹配、体现教学特色的教学体系。

体育教学体系的构建应从以下几个角度入手：一是凸显职业体能的特色，并将其渗透于整个教学过程之中，同时应建立与之配套的工作模式，打造一体化的教育教学路径；二是以职业需求为基本导向，完成理论教学与实践教学之间的灵活转换，进一步提升学生体能训练的锻炼强度，促进其身体素质的提高；三是强调课内与课外的有机结合，让职业体能培养成为体育教学改革的重点；四是加快对课程内容的改进和创新，确保体育教学能够紧跟时代发展趋势。总而言之，我国高校及相关教师必须将这项工作尽快提上日程，成为深化教学改革的发起者和主要驱动力，使学生树立终身体育意识。

　　对当代大学生而言，职业体能这一理念近乎陌生，大部分学生并未接触过这方面的知识，这就表示体育教学应从带领学生认识学科理论开始，先讲授运动保健、运动锻炼等理论知识，确保学生对职业体能有一个全面且深刻的掌握之后，再从实际锻炼的方面加大力度。有些学生在步入社会之后，会得一些"职业病"，如久坐办公室可能会导致脊柱受损、静脉曲张、胃痛胃胀，所以体育教学应增加对相关方面知识的讲解，并为其列举一些有效的锻炼方式，同时使大学生养成良好的锻炼习惯。

第六章　教育改革视角下的
体育教学方法改革

高校体育教学是现代高校教育工作的重要构成项目，在现代社会发展下，高校体育教学面临着众多挑战。在新课改教学理念的推动下，高校体育教学方法改革问题也随之而来，如何促使高校体育教学更加科学地发展，也将成为当前教育工作者需着重解决的问题。本章分为体育教学方法概述、体育教学方法的选择与应用、体育教学方法的发展与改革三个部分。

第一节　体育教学方法概述

一、体育教学方法的概念

（一）教学方法

教学方法是指教师根据教学目的和教学目标，对学生进行有计划、有组织的教学安排，在教学期间使用的一些方式、途径的总和。

在教学论领域，教学方法是重要的组成部分。教师在实施教学活动时，通常依据不同环境和不同教学过程，结合教育目标和教学实际选择恰当的教育方法，综合运用并相互配合，才能有效地提高教学效率，进而完成教学任务。

我国学者钟启泉认为，教学方法是相对概念，具有复合性，有其"育人"的特征[1]。

中央民族大学教授董文梅等人认为，教学方法是在上课期间，为达到教学目的所采取的具体方法，如示范法，来帮助学生掌握教学任务的行为方式[2]。

---

[1] 钟启泉.教学方法：概念的诠释[J].教育研究，2017，38（1）：95-105.
[2] 陈雁飞，董文梅，毛振明.论体育教学方法的概念和层次[J].天津体育学院学报，2006（2）：180-182.

华东师范大学教师张良认为，现阶段对于教学方法概念的重建应该表现出以下三个方面的知识：境遇性、个人性、策略性知识[①]。

我国学者李森认为，教学方法是将教师、学生和课程内容进行联系的重要成分，是教学管理系统中的因素之一。现代教学论更关注教学方法在学生主体学习活动中的运用，科学化、现代化的教学方法是提高学生学习效率的重要保障，也是使教师更加积极地依据学生个性采取因材施教的基础，是教学活动中必不可少的要素[②]。

综上所述，教学方法是在教学过程中，根据教学要求，采用不同的教学方案对不同的学生进行教学。

（二）体育教学方法

1. 体育教学方法是"教"与"学"的统一

体育教学方法是教师的"教"与学生的"学"二者的有机统一，只有教师和学生之间展开双向且有效的沟通，才能完美地体现教学方法的价值和意义。不论是教师还是学生，都是教学活动的主体。

2. 体育教学方法是师生动作和行为的总和

体育是一门比较特殊的学科，其教学方法同其他学科也是有所差别的，在体育科目的教学过程中，教师不但要注意教学语言，而且需要注意教学动作。不论是何种运动项目、何种动作，都需要先由教师做示范，并进行详细的解读之后，学生才能加以练习，直至完全掌握全部动作。

二、体育教学方法的特征

（一）感知、思维和练习有机结合

在体育教学工作中，学生的学习并不简单，它是一个繁杂且长久的过程，因为学生需要调动自身的思维、感知、记忆力，且多次练习才能确保深入把握动作。因此，体育教学方法也是一种知觉、思维和实践相结合的过程。在结合过程中，学生需要通过自己的信息接收机构将外部信息传递到大脑皮层，并利用大脑组织分析各种信息，然后来指导人体的各个器官完成相应的动作；通过反复重复的动作，学生能够记住并彻底掌握动作，同时掌握相应的动作技巧。在这个学习过程

---

① 张良，乐维英.教学方法的理解误区、概念重建及其构建策略：基于知识论的视角 [J].教育发展研究，2014，33（8）：18-22.

② 李森.现代教学论 [M].北京：人民教育出版社，2011：257.

中，信息感知是行动学习的基础，思维活动是学习过程的核心，而实践是掌握运动技能的重要途径。体育教学方法的实施过程是理解与实践、心理与身体的结合，也是知觉、思维和实践的有机结合。

（二）实践操作性

体育教学方法侧重于教学的实践操作性。教学方法无法脱离教学实践。体育这一学科，重点就在于动，如果单一地讲解理论知识，是行不通的，一定要注意理论和实践的有机结合。因为实践是检验教学成效的最直接的方法，只有这样，才能加深学生的理解和掌握，促进教学目标的实现。

（三）时空功效性

体育教学是由多个不同阶段构成的，每一个阶段内，都有与之相对应的特征表现。在教学的初期阶段，占据主导地位的是教师，但是，随着时间的推移，学生慢慢地占据了主导地位。在实际的教学环节，教师的教学方法产生的影响不容小觑。在初期教学阶段，学生兴致、学习动力的激发全靠教师教学方法的指引，教师会进行仔细、深入的解读，帮助学生更快、更好地把握相关知识和技术动作；在后期的练习阶段，学生需要借助一定的方法来掌握相应知识。总而言之，在每一个阶段，教学方法都会产生十分重要的影响，这也是教学方法时空功效性的体现。

（四）运动与休息合理交替

在教学活动中，教师需要特别注意学生的劳逸结合，长时间地学习，很容易使学生产生疲劳感，学习效率也会受到影响。特别是一些难度系数比较大、动作要求比较高的运动项目，体能消耗大，在这个时候，教师要注意给学生安排适当的休息时间，这样有助于学习效率的提升。当然，这里所提及的休息，并不是停止相应的活动，可以通过开展一些比较简单的活动，让学生放松身心，缓解疲乏感。

三、体育教学方法的价值

（一）有利于实现体育教学任务

在实际的教学工作中，体育教学方法是连接教师与学生的桥梁，科学、完善的教学方法会拉近师生间的关系，促进教学目标的完成。如果教学方法不完善，完成教学任务的难度也就比较大。

（二）有利于营造良好的教学氛围

科学、完善的教学方法不仅可以激发学生的学习热情，还会提高学生的参与度。此外，也能构建和谐、有序的教学环境，从而引导学生认真学习，形成循环机制。完善、恰当的教学方法，不但可以巩固教师的主导地位，而且会增强学生对教师的信任感，更愿意遵从教师的意见，学好相关知识，营造和谐的学习氛围。

（三）有利于促进学生身心的全面发展

科学、完善的教学方法势必会突出科学性的特点，教师接触到这些科学理念，也会采用科学的方法将知识传递给学生，有助于学生身心的健康发展；反之，教学方法不合理、不完善，就会不利于学生的身心发展。在日常的体育教学活动中，教师不能单一地注重理论教学，要特别注意理论和实践的结合，鼓励学生多参加日常练习，推动身心的全面发展。

第二节　体育教学方法的选择与应用

一、PBL 教学法的选择与应用

（一）PBL 教学法概述

1.PBL 教学法的概念界定

近年来，项目式学习（Project-Based Learning，PBL）教学法在国内外引起了人们的关注，其教学效果得到了国内外专家的一致认可，但目前关于 PBL 教学法的概念界定却呈现多元化的态势。美国医学教授巴罗斯（Barrows）是提出 PBL 教学法的第一人，他认为 PBL 教学法有双重身份，既是一门课程，又是一种学习方式。从课程角度而言，PBL 教学法要求教师对所要提出的问题进行细致的遴选和设计，通过所筛选的问题让学习者学会如何运用现有的资源来解决问题；PBL 作为一种学习方式，是让学习者掌握一种系统的学习方法。但随着 PBL 教学法在国外不断发展，国外学者对其概念的解读也不断延伸。国外学者布伦登（Blunden）指出，PBL 是以学生为主体，以实践过程中所面对具体问题的情景为基础，学生以自身的经验为依据来思考并解决问题的一种学习方法。后来又有学者将 PBL 教学法分为广义和狭义两种解释。广义的 PBL 教学法是一种以问题解决为前提的教学观念，它在问题的基础上，对问题进行各种相关知识和技能的研究、学习和分析。狭义的 PBL 教学法是将所要学习的相关内容以问题为导向的形式呈现，并对其进行情境化分析的一种教学方式。我国学者对 PBL 教学法也发表了不同的看法。教育学硕士钟志贤认为，PBL 是将教学内容置身于问题的情境中，然后让学生通过小组合作学习的方式主动参与到问题的讨论中，以此来解决教师所提出的问题，并发现该问题背后所隐藏的知识和原理，不断锻炼学生解决问题的能力的教学模式。伦敦大学学院教育学院副教授刘梦莲指出，PBL 是教师为了更有利于学生掌握知识，将教学内容设置到与其相关的问题情景中，让学生以团体合作的形式，根据生活经验来解决问题，并以此来引导学生自主学习，从而加深学生深度记忆的一种教学策略或方法。

综上所述，虽然国内外学者对 PBL 教学法的概念定义尚未统一，但从中不难发现都与"问题设置""情景化""自主学习"等主题词相关。因此，笔者认为，PBL 教学法是以问题为核心，学习者与同伴共同解决问题，从而引起学习者自主学习的一种学习方法。

2.PBL 教学法的起源与发展

PBL 教学法最早源于 20 世纪 50 年代美国西余大学医学的综合课程教育，但当时的学者并未对其进行深入的研究与应用，直至 20 世纪 60 年代末，美国医学教授巴罗斯首次将 PBL 教学法引入医学教育领域，并在其研究中发现，在教学过程中使用 PBL 教学法，不仅强化了学生对病例的推导能力，同时提高了学生的学习能力，增强了学生的学习主动性和积极性。PBL 教学法在 20 世纪 70 年代传入欧洲，并先后在荷兰、比利时和法国等国家被推广尝试。1983 年，国外学者施密特（Schmidt）详细地阐述了 PBL 教学法的优势，并倡导将 PBL 教学法作为传统教学方法的补充在医学教育中使用。此后，PBL 教学法得到了医学教育者的广泛关注，并在医学教育领域得到了深入研究，同时得到了研究者的高度评价。直至 20 世纪 90 年代，美国已经有超过 70% 的医学院不同程度地使用了 PBL 教学法，就这样 PBL 教学法得到了空前的发展，并迅速在全世界得到推广和应用。在亚洲，最先由日本东京女子医科大学于 1990 年引进并应用 PBL 教学法，随后该教学方法在日本众多医学院得到广泛的尝试。受 PBL 教学法的影响，学生的学习方式开始从知识的堆积向综合能力的提升转变，因此，PBL 教学法成为当时日本医学教育改革的热点之一。PBL 教学法在医学领域的效果之好，引起了不同学科领域专家的注意，并将该教学方法应用于各自学科领域。21 世纪后，PBL 教学法已经在教育学、社会学、经济学、自然学等多学科领域广泛应用。不仅如此，PBL 教学法不仅在学科领域得到广泛应用，同时渗透于高校、中小学各个阶段当中，对各学科和各办学层次的影响深远，一度成为风靡全球的教学方法。

综上所述，PBL 教学法虽然源于美国，但其显著的教学效果却得到了一致认可，并很快在各个国家盛行，从其"出生"至今，不断受到各个国家和地区的广泛推广和应用，并得到各个国家学者不断地研究和演进发展。当前 PBL 教学法已不再是当初"未成熟"的教学理论，已成为当下国际热门的教学方式，其发展前景一片光明。

（二）PBL 教学法在体育教学中的应用策略

1. 设计教学思路

PBL 作为一种新的教学法在体育教学中运用，必须具备一定的条件，其中建立教学团队、做好体育教学思路设计是关键。

2. 选取合适对象

根据高校学制情况和体育课程设置，一般宜选择进校时间较长的学生作为教学对象。高年级学生已逐渐适应在学校的学习，具有一定的运动知识和体育基础，且精力旺盛，思维活跃，有比较多的课内外时间。为了使学生有效配合，在实施 PBL 教学法前，教师要向学生说明什么是 PBL 教学法以及步骤和方法，让学生了解 PBL 教学法的基本原则、评价方法，消除顾虑，明白自己在 PBL 教学法中应该如何学习，并取得好成绩。

3. 细化教学过程

PBL 作为以问题为基础的教学法，在实施中，教师应依据课程内容即运动项目内容、技能和特点，在学期开始时，呈现相关问题（即要完成的任务），每个运动项目一般设计 2～3 个问题，按照运动项目的课程要求，必须把需要掌握的知识、技术、技能和方法融入其中。为了便于学生练习、讨论和合作，教师可以引导学生分组学习。每个小组的成员一般为 6～10 人，教师可根据学生情况指导分组或由学生自由组合；为了能够较好地解决问题，完成学习任务，小组成员可根据自身的特长、兴趣和能力进行分工合作，明确职责。

二、参与式教学法的选择与应用

（一）参与式教学法概述

1. 参与式教学法的内涵

20 世纪 90 年代，参与式教学法从西方引入我国。一般认为参与式教学法是指根据学生的实际需要和愿望，通过小组讨论合作、师生信息交流对话与评价反馈机制，运用灵活多样、形象直观的教学手段，努力营造轻松愉快、民主和谐的课堂氛围，并设计富有趣味、意义和挑战性的学习活动，以主体性为内核，以自觉性、选择性为特征的教学法。学生在参与课堂的过程中，能够与教师以及其他学生进行交流合作，共同对课堂问题进行探讨。这样学生不仅可以通过教师的传授来获取知识，还可以通过自己和同伴的共同讨论与分析得出结论，能够更加深入地了解所学知识，并且在这个探求知识的过程中，学生在课堂中的主体性地位也得到了充分体现。在参与式课堂中，师生处于平等的地位进行交流，共同营造和谐、开放的课堂氛围，学生可以在课堂上畅所欲言，与教师讨论教学内容，教师能从学生的观点中对教学有新的认识和感悟，进而实现教师与学生的共同成长。教师在设计参与式课堂教学内容时，要充分考虑学生的现实需要，根据学生的具体情况，精心地设计课堂环节，以便学生更好地参与到课堂之中。参与式教学法作为一种新型的教学方法，改变了传统教学方法的一些弊端，符合新课程改革倡导的理念。如今，国家的教育是要培养全面发展的人才，教育者更要关注学生的能力发展，以往僵化的教学方法已经不符合教育的需求，对参与式教学法的研究与应用势在必行。

2. 参与式教学法的特征

（1）主体参与性

参与式教学法具有主体参与性，要求教师重视学生在课堂教学过程中的主体性地位，具体表现为两个方面：一方面，在课前，教师不仅要考虑教学内容的逻辑，还要考虑学生的身心发展差异，精心设计教学内容；另一方面，在课上，教师要开展多样化的教学活动，给学生提供参与课堂教学的机会，激发学生的学习热情，调动学生学习的积极性，帮助学生独立思考并解决问题，促使学生由过去的被动学习转变为主动学习，让学生成为课堂的主人。

（2）民主性

参与式教学法具有民主性。一方面，参与式教学往往是在轻松活跃、民主平等的教学氛围下展开的，师生处于平等地位，学生可以自由地表达自己的观点和看法，心中的疑惑和遇到的难题也可以在小组合作讨论中解决，扭转了过去教师"一言堂"的局面，充分体现了教学的民主性。另一方面，在参与式课堂教学中，教师作为引导学生学习的协助者和组织者，鼓励学生主动参与课堂教学活动，尊重学生的个体差异，平等地对待每一位学生，有利于构建新型的民主师生关系。

（3）合作性

参与式教学法具有合作性。参与式教学法在一定程度上借鉴了心理学方面的合作学习理论，从本质上讲，参与式教学法本身就是一种合作式或协作式的教学方法。在课堂教学过程中，开展的多样化的教学活动都离不开小组之间的合作。参与式教学为小组合作讨论提供了一个轻松活跃、民主和谐的教学环境，由教师设计一些开放的教学内容，引导学生积极参与课堂教学，学生在小组讨论中发表各自的意见，围绕学习目标展开讨论、合作，最后达成共识。小组合作讨论不仅能够培养学生的合作意识，也能够提高学生解决问题的效率。

（4）创造性

参与式教学法具有创造性。教师在运用参与式教学法时，应具有创造性。一方面，教师应该根据教学内容的逻辑、任务和学生的身心发展特点，营造可以调动学生主动参与课堂学习的教学氛围。另一方面，教师在教学过程中应该适当地提出一些发散性的问题，激发学生的创造性思维，释放他们的天性，提倡学生分组讨论、合作探究，在交流彼此的想法时容易擦出思维碰撞的火花，这样才有利于培养学生的创新意识和提高学生独立解决问题的能力。

（5）开放性

参与式教学法具有开放性。参与式教学的开放性，具体表现在教育氛围、教学内容、教学活动和教学评价四个方面。首先，传统的课堂氛围往往是紧张的、拘束的，而参与式课堂要求教师努力营造轻松活跃、富有生机的氛围，给予学生充分交流沟通学习的机会；其次，参与式课堂要求教师根据教学目标和学生的学科知识素养适当地提出一些开放性的问题，有利于激起学生的求知欲望，培养学生的发散性思维；再次，参与式课堂要求教师开展的教学活动不局限于课堂上的小组合作、情境教学等，还要组织学生参加社会实践活动，这有利于学生将课本上学到的理论知识与实践相结合；最后，传统的教学评价往往将学生的考试成绩作为评价学生的唯一标准，而参与式教学提倡教师从学生的日常表现、课堂参与情况、学业成绩、平时作业等多个维度对学生进行合理的、科学的评价，这有利于促进学生的全面发展。

（6）互动性

参与式教学具有互动性。参与式教学就是师生交往、共同发展的互动过程，互动包括师生互动和生生互动。师生互动的具体表现是，教师和学生共同努力营造轻松愉快的教学氛围，教师在课堂教学过程中鼓励学生积极参与课堂学习，当学生有疑惑时，教师进行悉心的指导和解答，这有利于增进师生之间的情感、拉近师生之间的心灵距离。生生互动具体表现为，当教师设置开放性的问题时，学生通过小组合作，发表自己的观点，经过小组成员的共同努力解决问题，这不仅有助于学生体验到成功的喜悦，还可以增进学生之间的友谊。

（二）参与式教学法在体育教学中的应用策略

1. 将参与式教学法在高校体育课中进行推广

各高校可以结合本校实际情况，在体育课中推广参与式教学法，也可以根据实际情况结合参与式教学理念，制定参与式教学研究制度，组织体育教师进行学习了解、实践操作。教师应结合学生的实际情况，对参与式教学进行合理的改变和利用，能够更好地提升教学效果，也能更好地了解和推广这一教学方法。

2. 突出学生在课堂中的主体地位

教师在应用参与式教学法的过程中要注意，首先要积极转变自身的思想观念，跟上社会发展潮流和教学改革方向，这样才能引导学生转变学习观念，突出学生在课堂中的主体地位。在教学中，教师要不断激发学生的主体参与意识，真正让学生愿意和同学、教师进行沟通交流，成为学习的主人。高校要对教师进行相应的再教育再学习，充分利用慕课、微课等网络教育平台和线下座谈、培训班等形式，提升教师的综合素养，健全教师考评机制，培养教师形成终身职业学习的意识。

3. 教师在教学过程中加强对学生自主学习能力的培养

在参与式课堂中，需要学生具备一定的自主学习能力，因此在教学过程中，教师应当有针对性地对学生的自主学习能力进行培养。自主学习不仅是一种有效的学习方法，而且是一种稳定的、可转移的能力，对于学生的学习、工作、人生都有着非常大的帮助。在体育教学中，不同的学生对于技能的掌握也存在着差异，如有些学生对篮球运动了解不深，这就需要教师对这部分学生给予更多的教学，让学生系统地建立完整的认知，引导学生参与到篮球学习过程中。教师要不断加强对不同个体的学习自主性的引导，从而达到学习效果最大化的目的。

三、任务驱动教学法的选择与应用

（一）任务驱动教学法概述

1. 任务的内涵

在把握任务驱动教学法的内涵之前，我们应先厘清任务驱动教学法中的"任务"一词。英国语言学家简·威莉斯（Jane Willis）提出，任务是一种目标定向的活动，在活动中，学习者可以通过各种学习资源，在教师的帮助下获取真实的任务成果。北京联合大学北京学研究所教授朱永杰认为，任务是教师根据具体的学科课程，在真实的社会情境下精心设计的，它兼顾了学生应掌握的知识与技能，既满足了学科的教学目标，也满足了学生全面发展的要求。西北师范大学教授郭邵青认为，任务是知识与技能的载体，应具备两个条件：其一，应具备趣味性；其二，能够有效地组织知识体系，从而与教学内容和教学目标更为贴切。并且他根据任务的大小以及任务的开放程度将任务分为系统的、独立的任务，封闭性、半开放性、开放性的任务。

在此把任务界定为一种知识与技能的载体。区别于"活动"，任务驱动教学法中的"任务"具有开放性、互动性、目的性三个特征。其中，开放性是指学生可以不拘泥于一种模式去完成任务；互动性强调教师、学生之间的协作学习，在合作交流中分享自己的思路，实现多变互动的功能；目的性是指任务本身并不是教学的目的，真正的教学目的隐含在任务的实现过程中，学生通过在任务实践中逐渐加深对知识的认知，提升自己的技能。

2. 任务驱动教学法的内涵

对于任务驱动教学法，众多学者都提出了自己的见解。笔者通过整理文献，总结出目前存在的三种定义取向：第一种定义探讨了任务驱动教学法的本质，认为任务驱动教学法实际上是教师与学生互动的一种模式。第二种定义则重点关注任务驱动教学法的教学过程，认为学生活动贯穿整个任务驱动教学过程。任务驱动教学法是在遵循循序渐进的教学原则的基础上，围绕教学目标，学生主动参与到学习过程中，学生通过完成任务培养自主探究、实践、思考、运用等解决问题的能力。西北师范大学教授郭绍青认为，任务驱动教学法是一种以任务为载体，学生在完成特定任务的过程中获得知识与技能的一种教学方法，能够以极高的趣味性激发学生的学习动机。第三种定义从师生关系维度出发，认为在任务驱动学习中应发挥教师的主导作用，体现学生的主体地位。任务驱动教学法应以学生为主体、教师为主导，以与教学和生活紧密联系的任务为核心载体，促使学生自主寻找相关的学习资源，并通过与其他学习伙伴的合作交流，在教师的指导下，不断探索完成任务的条件，在这一过程中实现培养学生的功能。

综上，任务驱动教学法就是把新知识蕴含于多项具体真实的任务中，通过创设一个真实的教学环境，使学生在教师的主导下围绕任务线索，通过探究学习的方式，自主进行学习活动，最后通过任务的完成来实现对所学知识和技能的意义建构与评价。

3.任务驱动教学法的特征

任务驱动教学法的特征可以概括为以任务为主线、以教师为主导、以学生为主体。

（1）以任务为主线

任务驱动教学法的实质就是通过设置任务来激发学生的外部学习动机，合理的任务是任务驱动教学法顺利开展的必要前提，而且任务设计的质量与教学效果的质量呈正相关关系。因此，教师应统筹考虑教学内容、教学目标、学生现有的知识水平等因素设计出切合实际生活的任务。

（2）以教师为主导

在任务驱动教学中，教师应意识到自己的角色已发生转变，不再是单纯的施教者，还被赋予了其他身份。第一，学习任务的设计者。教师应根据社会情境、学生的认知水平与心理特征，合理地设计具有真实意义的任务活动。第二，教学情境的创设者。教师应根据设计的任务与教学内容，模拟出一个与学生生活紧密相关的情境，帮助学生更好地深入课堂。第三，学习材料的援助者。教师应尽可能地为学生提供学习资料和技术支持，使学生能够有多余的时间进行探索、思考。第四，任务的帮助者。在任务的进行过程中，对于学生遇到的问题，教师应及时伸出援手，帮助学生解决难题，引导学生掌握正确的解决技巧与操作技能。第五，任务的评价者。教师应采用形成性评价、总结性评价等多种评价方式，及时地给予学生学习反馈，让学生随时掌握自己的学习情况。因此，在任务驱动教学过程中，教师应积极扮演好自己的角色，以更好地指导学生的学习活动。

（3）以学生为主体

任务驱动教学法强调学生的主体性，着重培养学生自主学习的能力。这主要体现在以下几个方面：第一，学生是任务的主要完成者。学生在学习过程中，通过小组学习、协作学习等方式，利用学习资源自主完成学习任务。第二，具有趣味性的任务可以引起学生的好奇心以及对知识的求知欲，从而吸引学生积极主动地参与到课堂活动中。第三，有利于培养学生分析问题、解决问题的能力。任务驱动教学所设计的任务，兼顾了课程所要求的知识与技能，学生在完成任务的过程中，不断提出疑惑，进而加以分析、解决，将问题逐渐形式化。第四，能够增强学生的团队协作能力。任务驱动教学法强调师生、生生之间的互动性，学生在与他人的相互探讨中解决学习中的困惑，在沟通交流中形成良好的人际关系，培养团队精神。因此，在任务驱动教学过程中，学生应改变传统的被动学习状态，积极主动地参与到学习进程中，培养自己自主学习的能力。

（二）任务驱动教学法在体育教学中的应用策略

1.创设任务驱动教学情境

体育教学的主要目的是锻炼学生的意志力，增强学生的身体素质，消除学生的负面情绪，因此高校体育教师需要根据体育教学目的、体育价值，确定基于任务驱动教学法的教学目标。对于任务驱动教学下体育教学目标的确定，需要考虑教学方案与教学目标的一致性。因此，教师应将提高学生的身体运动技能作为体育教学的主要目标，并创设任务驱动教学情境。

在体育教学中应用任务驱动教学法，在确定体育教学目标后，需要创设体育教学情境，让学生在特定的情境中，产生学习兴趣，主动探索体育知识，尤其是在传统体育教学中，教师在教授学生知识时，都会采取一言堂的授课模式，即"教师说，学生记"，学生往往处于被动的学习状态。而采用任务驱动式教学法所设计的驱动教学情境，为学生自主学习体育知识理论和预习体育课堂内容提供了契机，尤其是学生之间的领悟力、兴趣、爱好、身体素质等情况都不相同，而采用任务驱动教学法设计教学情境，可以给学生选择的空间，让学生根据自身的实际情况，选择适合的任务活动，而教师也可以完成自身的教学任务，传授给学生本堂课应该学到的课堂知识，做到因材施教。因此，在体育课堂中，教师在设计任务驱动教学情境时，需要根据学生的具体情况，让学生带着问题去探索学习，唤起学生强烈的好奇心和求知欲，从而引起学生主动学习的兴趣。

2.合理划分与配置教学子任务

教学子任务的设计、划分与配置，是实施任务驱动教学的首要环节。就高校体育教学的发展现状来看，其教学的主体内容是围绕教学大纲所要求的达标测试标准来制定的。针对于此，要求高校体育教师针对达标测试标准来细化教学子任务，从相关体育项目的技术要领入手，注重各个技术环节的衔接，确保学生技术学习的规范化。这不仅有助于提高体育教学的精准性，还能够为学生体育运动技能的自我发展打下坚实的基础。因此，在体育教学子任务的设计过程中，要强调任务的专指性、适应性与实效性，尤其要注重强化技术细节，并在教学中不断检验、调整与积累，从而形成体系，为任务驱动教学法在高校体育教学中的有效运用与全面推广提供保障。

3. 优化教学设备，提高体育教师的专业技能

为解决教学设备陈旧、器械不足等问题，一方面，高校应合理引进体育教学设备，避免陈旧、落后设备在使用过程中引发安全事故，同时应利用现代化设备，优化体育教学环境。另一方面，为避免传统体育教学方法、体育教学模式单一等问题，高校应积极引导体育教师不断学习，提高体育教师的综合素质和专业技能，从而合理安排体育教学任务，切实保证体育教学活动管理的效果。

此外，体育教师需要不断提高自身素养，针对不同学生的个性化特征，合理安排体育课程内容、组织体育教学活动，关注学生的学习情绪，并引导学生积极参与体育教学活动，规范体育课堂秩序。体育教师在体育教学过程中，可尝试引入任务驱动教学法展开有效的体育教学实践、体育教学管理活动，促使学生在完成体育教学任务的同时，真正掌握运动技能，体验运动乐趣，提高体育教学效率。

四、快乐体育教学法的选择与应用

（一）快乐体育教学法概述

1. 快乐体育教学的内涵

1990年，快乐体育教学法首次提出，认为体育课程教学需要认识到学生主体的重要性，要让学生在课堂中享受到运动带来的乐趣，在教学中通过科学的方式激发学生的潜能。在快乐体育教学法中，讲究的是让学生在快乐的氛围内既能够学到知识、技能，又能提升学生的综合素质，培养学生树立终身锻炼的意识，并且在锻炼的过程中磨炼其意志，树立不断超越自我的意识。

快乐体育教学转变了教学主体，将课堂交还给学生，让学生能够在课堂上发挥个体作用，由被动接受、"填鸭式"教学向主动学习、积极参与进行转变。在这个过程中，教师可以根据学生的特点有针对性地进行教学，开放式、个性化的

教学能够让学生更好地找到自己的兴趣所在，更加积极地参与到课堂中，与此同时，教师的教学能力也得到了展示，能够将其价值更好地发挥出来，提升课堂效率，进而培养学生锻炼的意识，让体育锻炼能够陪伴学生的一生。高校学生有自己的思考和对未来的规划，因此教师在教学过程中要发挥快乐体育教学的优势，提升学生学习的主观能动性，根据学生的兴趣、所处的环境，投其所好，通过轻松、愉悦的氛围传播体育知识，让学生能够在课堂上接收更多的知识，并能够灵活地运用到生活中，不断地锻炼自己，增强自身的体魄，进而提升面对困难的勇气，拥有健康的生活态度。

2. 快乐体育教学法的意义

快乐体育教学法更加重视对学生的情感培养，通过深入挖掘每一项体育运动的特点来开展教学活动，进而让学生融入更加自由、放松、和谐、民主、自在的学习氛围。快乐体育教学法不仅仅是将体育运动与情感培养相结合，同时也通过良好的方法激发学生对体育学习的兴趣和积极性。

高校体育课程利用快乐体育教学法，能够积极地推动学生体力、智力的综合发展，培养学生树立正确的价值观，为以后的生活和工作奠定积极的基础。学生通过快乐体育教学法来学习体育课程，可以更加深刻地体会到快乐体育精神，进而更加热爱体育运动，提高适应能力、交际能力、抗压能力等。所以，在高校体育课程教学中运用快乐体育教学法，符合当下的教育观念和教育目标，能够为培养学生的综合素质奠定良好的基础。快乐体育教学的开展还能够引导学生以积极、乐观、向上的人生态度来面对学习和生活中的困境和难题，让学生形成积极的人生观，以豁达的人生观看待事物，养成良好的生活习惯。

（二）快乐体育教学法的应用策略

1. 坚持和发展快乐体育教学理念

快乐体育是指从情感教学入手，以对学生进行健全的身体教育和人格教育为目标的体育教育思想，它重视爱的教育、美的教育与各项运动所独具的乐趣，强调学习兴趣与启发式学习。

体育教学中，大多采用的是传统体育教学模式，注重教师讲解示范，学生掌握运动技能，而忽略了学生在课堂中的主体地位，忽视了培养学生运动兴趣的重要性，对学生的控制过于严格。快乐体育教学法恰好解决这一问题，符合学生身心发展的特点，培养学生参与体育活动的运动兴趣，是学生积极主动学习和坚持终身体育锻炼的前提，能够充分发挥教师的主导作用，引导学生体验运动乐趣，提高学生的学习水平。快乐体育教学法遵循的是，无论是体育教学内容的选择和设计，还是教学组织和教学方法的更新和设计，都要注重激发学生的兴趣。同时，教师还要注重培养学生的自主学习、合作学习和探究学习能力，追求学生个性与全面和谐发展。

2. 优化教学内容，培养终身体育意识

教师在教学时要注意方式方法，要在枯燥的理论知识中加入有趣的案例、演示等，让学生能够静下心来听课，并且能够牢记于心。例如，高校开展的兴趣课程可以让学生自行选修，一方面能够让学生自己做出选择，并对自己的行为负责，另一方面学生选择的应该都是其感兴趣的课程。因此，在教学过程中，教师可以从一些有趣的案例入手，提出问题让学生进行思考，再慢慢地进行解答。教师可以定期组织理论知识比赛，使得学生在课堂上能够认真听讲，主动阅读一些课外资料，长期下来学生潜意识里就会去查找一些相关资料，为培养终身体育意识打下基础。

3. 更新快乐体育教学法的教学效果评价体系

在体育教学评价方面，教师习惯用终结性手段评价学生在体育课程中的学习情况。这样忽视了学生在学习过程中对知识技能的掌握、学习习惯的养成以及创新思维、意志品质的培养。

快乐体育教学法的评价体系，依据学生体育教学目标要求，从知识技能、过程方法、情感态度与价值观三个方面进行综合评价。教师应采用多样的评价手段，全方位地评价学生在体育课程上的学习掌握情况。评价过程应注重评价的公平、科学、准确、合理，这样有利于学生通过评价体验到成功的喜悦，同时要保证评价结果的可信度和有效性、评价形式的简便实用和可操作性，从而激发学生的学习兴趣和主动性。所以，在评价过程中教师不能把评价看成简单的成绩等级排序，这限制了学生更好地发展。

（1）定性评价与定量评价相结合

对技能掌握、身体素质水平主要采用定量评价的方法（等级、分数评价），对态度与参与度、合作意识与意志品质主要采用定性评价的方法（评语式评价），教师应采用两种评价相结合的方式，激发学生学习的主动性。

（2）形成性评价与终结性评价相结合

在体育教学过程中，教师通过观察记录学生的表现情况，用口头评价的方式及时反馈给学生，及时肯定学生的进步，激发学生努力的动力，并且帮助学生了解自己的学习情况，并改进学习方法。对于学生学期或学年的学习情况和发展变化，则需要进行终结性评价，给出综合成绩，写出评语，提出针对性建议。

（3）相对性评价与绝对性评价相结合

在体育教学中，学生在本学期体育学习各方面的进步幅度，应与学生在学习之前的情况进行对比，不能与班上的优等生进行比较，这样会打击学生学习的自信心，削弱学生对体育课的兴趣，并且要与教师的课堂教学记录相结合，进行综合评价，如某个学生的学习能力较弱，但是他在活动中的组织能力、与他人协调配合能力很强，在评价该学生时，就应进行综合性评价，放大其优点，让其他同学学习。

快乐体育教学法要求教师根据学校实际情况准备教具，充分利用好器材，认真做好教学设计；通过简单的故事情景、游戏、舞蹈、音乐导入，让学生的身体和情绪热身，内生运动兴趣，引出新授内容；开始部分是对上节课知识的巩固，对新授知识进行讨论，可以采用学生独立思考、小组讨论、师生交流的方式，体育课上也能让学生积极主动思考，激发学生的练习行为；基本部分设计游戏、竞赛、闯关类活动，有利于学生自觉养成遵守规则、课堂纪律的习惯，激发学生团队协作、积极进取、顽强拼搏的优良品质，在练习中学会与他人合作，体验到运动的乐趣和成功的喜悦；采用少讲多练法，课上教师用精练的语言，花最短的时间，抓住重难点，让学生一听就懂，留给学生较多的时间进行练习，从而使学生更快地掌握技术，增强体质；结束部分放松总结，运用多维度评价方式，即学生评价、教师评价、师生互评，从多个角度对整节课学生学到的技能、学起来存在问题的部分进行讨论。教师应多用鼓励性语言肯定学生的努力，提升学生的自信心。

第三节 体育教学方法的发展与改革

一、体育教学方法的发展趋势

（一）培养学生的团结协作能力及职业道德

高校需应用适宜的体育教学方法，充分挖掘教材中的教育因素，培养学生的团队精神、集体意识等良好品质，提高学生的人际交往能力。此外，合适的高校体育教学方法能培养学生良好的职业道德，为其日后的工作奠定基础。

（二）教学方法逐渐多样化

高校体育教学是一个动态的过程，尽管教师会按照教学内容、目的、任务与学生的具体情况对某种教学方法或教学程度进行设定，但在教学实践中仍存在很多可能的变化。为了顺利完成和实现高校体育教学目标，在运用教学方法时，教师应纵观全局，将多种教学方法有机结合，充分发挥教学方法体系的整体性功能。现阶段，高校体育教学方法主要呈现出多样化的发展趋势，这对于教学效果的取得与教学目标的实现具有十分重要的作用。

（三）现代化教学设备的广泛使用

现代科学技术的快速发展促进了现代化教学手段的使用，丰富了高校体育教学的资源。在高校体育教学过程中，现代化教学手段被广泛使用，使学生对空间与时间的感知得到了扩展，同时使其认知客观世界的能力得到了提高。一方面，在高校体育教学方法中引入现代化的教学设备，不仅能使教学活动更加形象、生动、视听并用、声情并茂、动静结合，同时还能提升体育教学的科学性与吸引力；另一方面，将现代化教学设备引入高校体育教学，有利于各种教学方法的有机结合，充分调动教师和学生的积极性，进而促进最佳教学效果的获得。

二、体育教学方法的改革策略

（一）营造良好的创新环境

环境在很大程度上影响着一个人的成长，能够在潜移默化中使一个人的思想和行为发生改变。所以，各大高校在开展体育教学方法创新的实践中，必须为教师团队营造良好的创新环境，形成积极向上的创新氛围。

在此过程中，各大高校要切实做好以下几个方面的工作：其一，健全创新机制。重点支持教师的创新项目和创新课题，建立科学合理的创新人才引入制度，切实加强对创新型教师的培养。其二，营造良好的创新环境。高校应根据体育课程的教学实践以及其中存在的问题，为教师提供自由的创新环境，有效激发教师的创新思维，使教师树立良好的创新意识，在全校范围内形成积极向上的创新氛围。其三，加强对创新型教师的选拔和培养。不断优化体育课程的设置，切实加强体育教育与体育科研之间的融合，有效增加教师之间的沟通交流，鼓励教师积极开展创新活动，并将教学创新作为一项重要的考核指标，从而进一步提高教师教学创新的积极性。

（二）引入先进的教学方法

在高校体育教学方法创新的工作实践中，我国起步时间相对较晚，因此很多教学方式和教学理念尚未形成。针对这种情况，各大高校可以充分借鉴国际先进的经验和理论，将其作为我国高校体育教学方法的创新参考。这能引导学生掌握课程的知识结构，在具体的教学活动中将其内化成自身知识的一部分，并在此过程中提高学生的自学能力、创新能力和探究能力，这对充分发挥学生的课堂主体地位大有裨益。在借鉴国外先进教学方法和教学理念的过程中，教师要充分考虑我国高校学生的身心特点、身体素质及文化水平，制定符合我国高校学生长久发展的教育创新方式，从而为我国高校体育教育事业的不断发展奠定坚实的基础。与此同时，各大高校也要不断加强对先进教学理念的引入，切实加强体育教学与素质教育之间的联系，深化理论知识和教学实践之间的融合，培养学生良好的体育习惯和体育兴趣，有效提高学生的自主学习能力，引导学生正确认识体育锻炼的实际价值，为学生终身体育提供强有力的保障。

（三）优化课程评价体系

1.熟悉课程评价内容

一方面，要将评价对象细化，评价者与被评价者都必须作为评价的主体，而评价方式应包括专家评价、教师自我评价、教师之间评价、学生评价、教师与学生间的互相评价等。另一方面，应研究并制订评价指标。首先，按照目前的体育课程教学评价体系，对原有的各教学评价指标进行研究、选择、取舍，构建初步的评价模型；其次，向高校的体育教学专家、教学一线骨干发放调查问卷，征询他们对体育教学评价指标的意见和建议，并对初步评价模型进行调整和修改；再次，将修改后的评价指标反馈给各个专家，征询他们的建议和补充点；最后，将来自各方面的意见和建议进一步整理、修改，从而构成一种新型的评价指标，明确在评价中的权重比例和分值。

2. 创新课程评价体系

创新课程评价体系，不能始终围绕体育课程建设中的某个或某几个方面开展，而要综合课程建设，找到其中的表面因素和关键性因素，从本质入手解决实质性问题，消除课程评价体系中的不合理之处。

3. 创新教师评价体系

创新教师评价体系，不但要注重发展的纵向比较；还要进行横向比较。不仅要有他人评价，还要进行自我评价。除了要重点评价教师的工作态度和敬业精神，还要对其工作水平和业务能力进行评价；既要评价教学工作量，还要评价教学效果，建立一个动态化、全方位的评价体系。

第七章　教育改革视角下的
体育教学评价改革

在中国特色社会主义步入新时代之后，我国教育教学改革也因此步入了一个全新的发展时代。站在全新的历史起点上，体育教学承担着全新的使命和任务，能够有效促进学生的全面发展。在体育教学过程中，教学评价可谓整个教学的重要构成部分，其直接决定教学活动的发展方向，所以在教育改革视角下，体育教学评价改革就显得迫在眉睫，是提升体育教学效果、促进学生全面发展的有效途径。本章分为体育教学评价概述、体育教学评价的规范与落实、体育教学评价的发展与改革三个部分。

第一节　体育教学评价概述

一、体育教学评价的概念

（一）教学评价

评价是我们很常见的一个词。当人们面对一个事物时，经常采用一种标准去评价和判断其表现的价值。从教学角度来看，教学评价可以看作按照一定的教学标准，对课堂上的教学目的、过程和效果进行的判断，包括对已经进行的教学活动和对可能出现的教学活动的判断。

课堂的教学评价是以教育学生为目标导向，在一定的教学准则和针对教学各种活动的信息的基础上，以师生为评价主体，由专门的教育研究人员综合运用量化和质性相结合的评价方法对教师和学生的课堂行为及教学效果进行的价值判断活动。教学评价不应该只关注知识的传授情况，更应该关注学生对知识的反应，根据学生的反应来改进教学。对于课堂中的教学评价，无论是教学活动仍在进行中还是已经结束，都要针对学生出现的情况进行有效的课堂评价把握，最终通过评价来提升教育的增值作用。

（二）体育教学评价

体育教学评价是依据一定的体育教学目标，运用科学、健全、完善的评价方式方法，对体育教学过程及结果进行价值判断，并为体育教学决策服务的活动，是对体育教学活动现实的或潜在的价值做出判断的过程。

体育教学评价指的是在实践教学中对学生的学习活动与教学活动以及获得的成果展开价值评估的一个过程。其是根据教学过程中每一个环节的实践状况，为体育教师与学生带来有用的信息，以此推动教学中的每一个环节之间优化整合，显著提升教学成效。

二、体育教学评价的类型

（一）以功能为依据进行分类

1. 总结性评价

体育教学的总结性评价是在周期结束时使用，目的是对所有体育教师进行相同标准的评估，以确定他们的表现水平。在这种情况下，总结性评价旨在满足学校或社会对体育教师问责制的需求。总结性评价通常采用表格的形式，由检查表和部分叙述组成。评价的领域包括课堂气氛、专业水平、教学计划及课前准备工作等。

总结性评价旨在衡量教师在一段持续的教学之后的表现，其重点是衡量和记录质量指标，确定教学的有效性。总结性评价提供了一种问责的手段，以衡量体育教师满足教学期望的程度。

2. 形成性评价

体育教学的形成性评价的目的是获得对当前教学策略有效性的快速反馈，供体育教师使用。教师利用反馈来确定教学效果，诊断和纠正教学中存在的问题，并调整教学。

形成性评价可以在整个体育教学过程中的任何时候进行，以监控教学实践的价值和影响。形成性评价与总结性评价的区别在于获得反馈的作用。因为形成性评价的目的是指导教学过程，而不是作为结果指标，所以通常对教师进行个性化评价，针对具体的教学问题或关注点。形成性评价具有以下优点：指导教学改进；

监督教学成效；关于教学实践的诊断；在无威胁的环境中，识别和纠正教学中存在的问题；以诊断的方式跟踪进展，并告知教师的优势和弱点。

（二）以方法为依据进行分类

1. 定性评价

体育教学的定性评价是对评价对象做概念、程度上质的规定，然后进行分析评定，以说明评价对象的性质和程度。它主要利用评价主体的经验进行评判，着重强调观察、分析、归纳与描述。

定性评价在体育教学过程中多表现为文字性的评语，主要是评价者通过观察与分析评价对象在现实及教学过程中的身心状态以及平时的行为表现等，结合自己的知识、经验和判断来对评价对象的多方面品质做出价值判断。

定性评价多采取观察、分析、归纳与描述的方式，运用教育学、心理学等专业知识对学生抽象的行为表现与内心活动等进行解释与推论，评价者把关注点也更多地集中于学生在"质"的方面的发展，能够时刻关注到学生各方面能力的改变，促进学生的个性与整体发展。但是由于定性评价多依靠评价者的专业知识与经验，因而带有较强的主观性，评价结果难以精准把握，就容易产生差别不大的模糊笼统的评语与等级。

2. 定量评价

体育教学的定量评价在教学过程中多表现为分数、名次等直观的评价结果，主要是指评价者将所收集的评价材料、资料等通过科学的数字方法进行处理与分析，从而对被评价者的学习效果做出价值判断。

这一评价强调数量计算，主要运用的是教育测量与统计的方法，用数值对评价对象的学习水平进行判断与划分，因而其在具有数量客观、精确等特点的同时，又能将被评价者抽象的行为能力量化为易见的、具体的分数，使评价者能够快速、准确、简便地把握教学目标的达成情况。但定量评价往往只关注被评价者身上可量化的能力与品质，如知识水平，过分强调可测性、共性与统一性，忽略了被评价者身上其他无法量化的美好品质与行为表现，阻碍了被评价者的个性发展，片面地追求简单的数量计算与分数表征，因而存在一定的局限性。

三、体育教学评价的特征

与其他文化课程相比，体育这门课程有着极为鲜明的特色，它注重身体的运动和实践，与之相应的教学评价也呈现出别样的特点。

（一）动态性

在传统的教育理念下，我国学校一般比较重视结果性评价，即使发展到今天，这一评价方式也占有很重要的地位。但是，大量的事实表明这一评价方式欠缺客观性，不能很好地反映体育教学情况，需要结合其他教学评价方式使用。因此，在具体的体育教学评价中，要将结果性评价与过程性评价结合起来使用，如此才能取得理想的评价效果。整个教学过程始终是处于不断发展和变化之中的，因此体育教学评价也呈现出相应的特点。

（二）现代性

随着信息技术的迅猛发展，信息化教学手段也愈来愈多地被运用到体育教学之中，体育课堂的信息化教学评价手段也在与时俱进地发展。毫无疑问，在某些具有具体评价指标的维度，信息化教学评价手段的准确性、及时性、反馈综合性是人工所无法比拟的，这种即时的评价反馈给课堂效率的提升和个性化教学实施的科学性奠定了重要基础。广泛采用信息化教学手段的混合式教学模式已经成为现阶段体育教学的攻坚方向，这是新时代信息化教育发展的必然。

（三）多元性

随着体育教育的不断发展，师生的主体地位越来越受到重视，二者之间的关系也日益密切，只有如此，才能促进体育教育的健康发展。教师和学生都是体育教学的重要主体，在这两个教学主体共同参与的情况下，才能取得良好的评价效果。在具体的体育教学评价中要重视评价主体的多元化，力争获得客观的评价结果。

在传统教育观念下，学校教育中的管理者占据着主导地位，引领一切教学活动的开展，在教学评价方面也是如此，非常看重管理者的教学评价。在这一评价模式下，学生始终处于被动地位，难以激发学习的兴趣，这样是很难获得理想的评价结果的，并且不利于教学质量的提高。因此，构建一个学生、教师、家长等共同参与的体育教学评价体系是十分重要的。

（四）多样性

伴随时代的不断发展，各种评价方式的涌现极大地丰富了体育教学评价体系。但需要注意的是，并不是每一种评价方式都是万能的，它们都存在着一定的优点和缺点。因此，这就要求体育教师在评价活动中以实际需要为主要依据，运用多种评价方式进行评价，以保证评价结果的准确性和可靠性。例如，体育教师可以在平时的教学中细致地观察学生的表现并做好必要的记录，然后制作成成长档案袋，这样体育教师能清楚地了解每一名学生的成长规律与学习情况，从而制订科学合理的教学方案。

（五）长远性

基于学生全面发展的体育学科核心素养培育，不单单是从当前的生活出发，适应当前的生活而产生的，也是为了学生未来社会发展需要进行的前瞻性培育，它指向的是学生未来生活的长远发展，不仅体现了运动能力、健康知识等学科知识性要素的培育，还体现了运动习惯、体育情感、体育品格、健康行为等学科价值性要素的培育。因此，体育教学评价必须体现学生学习的长远性，对学生未来生活所必需的沟通能力、创新意识等进行激励性评价，要让学生通过及时的正面评价体验到真正的"乐"是发于内心的，是"乐"在集体的；真正的"动"是体脑结合的，是"动"在全体的；真正的"会"是全面的会，是以会做人为目的的，从而为学生适应未来生活奠定基础，这是体育教学评价长远性的重要体现。

四、体育教学评价的结构

从整体上讲，体育教学评价主要由四项基本要素构成，即评价目的、评价主体、评价内容与评价方法，具体如下。

（一）评价目的

评价目的关注的主要是"为什么评"的问题。具体来说，体育教学评价的目的主要有四个，即选拔目的、甄别目的、发展目的以及激励目的。

1.选拔目的

选拔目的主要是为判断学生是否有体育学习的潜力，选拔优秀的体育人才所做出的评价。在这种目的下，体育教学评价具有明显的选择性特征，也就是说，体育教学评价不是指向特定的教学目标，也不是面对所有学生的评价，而是基于特定的选拔标准与要求，为选拔体育人才进行的专门性评价。

2.甄别目的

甄别目的主要是为判断学生的体育学习情况，评定学生的体育成绩所做出的评价。在这种目的下，体育教学评价具有明显的评比性特征，评价者面对所有的学生，根据学生管理的要求与标准以及学生体育学习的态度与效果，对学生的学习成绩进行相应的评定。

3. 发展目的

发展目的主要是发现和反馈学生在体育教学活动中出现的问题，帮助学生解决问题、促进学生不断进步。在这种目的下，体育教学评价具有明显的教学性特征。评价者面向所有的学生，根据体育教学的具体要求和需要，以促进学生的发展与进步为目的，对体育教学活动进行评价。

4. 激励目的

激励目的是为激励学生，使学生发现自己的进步，从而激发学生学习的热情所做出的评价。在这种目的下，体育教学评价具有明显的激励性特征。评价者以促使学生发现自己的学习潜力和提升学生学习的自信心和积极性为目的，对体育教学活动进行评价。

（二）评价主体

评价主体关注的主要是"谁来评"的问题。体育教学活动既是体育教师与学生组成的双边活动，也是需要学校领导、管理者、学生家长等积极参与以确保体育教学工作有序开展的多边活动。因此，体育教学评价的主体是多元的，主要包括体育教师、学生、学校领导、管理者、学生家长等，确保体育教学评价主体的多元性，能够在很大程度上助力体育教学评价工作的开展，保证体育教学评价的科学性、公正性和合理性。

（三）评价内容

1. 教师对体育学习过程的评价

教师对体育学习过程的评价是体育教学评价的一个重要内容，主要包括两个方面：一是对学生学习过程的评价；二是对学生学习结果的评价。

（1）对学生学习过程的评价

体育教师对学生学习过程的评价主要包括以下几个方面的内容：①学习态度；②投入程度；③体育知识与技能的掌握情况和运用情况；④合作精神。对学生学习过程进行客观的评价，有助于激发学生的学习动力，改进学生的学习方法，提高学生学习的效果。

（2）对学生学习结果的评价

体育教师对学生学习结果的评价主要是指体育教师对某一阶段学生学习活动最终成果的综合性评价。对学生学习结果进行客观的评价，能够帮助体育教师及时了解某一阶段学生的学习状况，灵活调整教学计划、教学安排等，最终助力学生体育学习效果的提高。

2. 教师对体育教学过程的评价

教师对体育教学过程进行评价是提高自身体育教学能力、体育教学质量的重要举措。通常来说，教师对体育教学过程的评价主要包括两个方面：一是体育教师的自我评价；二是体育教师之间的互评。

（1）体育教师的自我评价

体育教师的自我评价，即体育教师基于对自己在体育教学过程中所出现问题的反思、总结所做出的评价。自我评价是体育教师自我理解、自我改进、自我超越的过程，对体育教师教学能力的提高具有重要意义。

（2）体育教师之间的互评

体育教师之间的互评，即体育教师根据具体的评价内容、评价标准、评价要求等，针对体育教学中出现的问题与不足、优点与长处进行互相评论。体育教师之间的互评有助于体育教师客观地分析自己的课堂教学，听取其他体育教师的意见和建议，取长补短，不断提高自己的教学能力和教学质量。

3. 学生对体育教学过程的评价

学生对体育教学过程的评价主要包括两个方面的内容：一是对课堂教学内容和教学方法的及时反馈；二是学生评教活动。

（1）对课堂教学内容和教学方法的及时反馈

学生对课堂教学内容和教学方法的及时反馈是一种非正式的体育教学评价活动，体育教师通过接收学生的反馈，能够及时了解教学过程中存在的问题，更好地把握教学的重难点，在完善教学内容和教学方法的同时，帮助学生更好地掌握体育相关知识与技能。

（2）学生评教活动

学生评教活动，即评价者所组织的由学生来对体育教师的教学内容、教学能力、教学态度、教学效果等进行综合性评价的活动。学生评教活动的优点在于有助于促进体育教学活动朝着民主化的方向发展，缺点是容易导致体育教师迁就学生的现象发生。

4. 学生对体育学习过程的评价

学生对体育学习过程的评价主要包括两个方面：一是学生的自我评价；二是学生之间的评价。该评价的优点是能够帮助学生对自身的学习状况有一个较为全面的了解，同时有助于学生民主素养的形成与发展。需要注意的是，由于学生的发展还不够成熟，所以在具体的体育教学评价过程中，评价者既要重视学生的自我评价，又不能完全依赖学生的自我评价，应该将学生评价与其他评价方式有机结合，更好地为学生的进步与发展服务。

除了以上所述的几种体育教学评价内容，在具体的体育教学评价过程中还存在其他的评价内容，如专家评价、家长评价、社会评价等，这些评价作为辅助性评价，对体育教学活动的开展同样有着重要的意义。

（四）评价方法

体育教学评价方法有很多，这里主要对观察法、问卷法、测验法三种比较常见的评价方法进行阐述。

1. 观察法

观察法，即评价者有目的、有计划地对体育教学评价对象的活动进行系统、深入的观察，以获取教学评价资料的体育教学评价方法。这一评价方法的优点是能够获得第一手资料，为做出中肯的体育教学评价提供可靠的依据。

2. 问卷法

问卷法，即评价者通过书面形式向被调查者提供经过严格设计的问题，要求被调查者如实回答问题，从而获取体育教学评价所需信息的评价方法。问卷法的优点主要体现在以下几个方面：其一，所收集的信息具有一定的可靠性；其二，调查取样相对广泛，调查结果具有一定的客观性和真实性；其三，调查时间范围具有可调节性。

3. 测验法

测验法，即评价者通过考试、测验等方式，搜集学生的体育学习行为、学习反应等，对体育教学做出客观评价的方法。测验法的优点是组织性、计划性、针对性较强。在具体的体育教学评价过程中，常用的测验法主要包括以下几种：体育理论知识测验、体育运动技术测验、学生身体素质测验以及学生体育情感行为测验等。

五、体育教学评价的作用

（一）促进核心素养教育理念的实施

如何将核心素养教育理念落实到具体的体育教学活动中，并充分实现其应有的育人功能，这是教育部门面临的一个现实问题。不同的评价指标，意味着体育教学方式和内容的选择及侧重点是不同的，这种不同可以促进教师转变教学思想，更加注重教学评价所侧重的部分，并将其作为平时教学活动的重点，从而达到改进体育教学效果的目的。核心素养作为一种新的教育理念，在其推广和实施过程中，我们应充分发挥体育教学评价的导向作用，规范体育教师的教学行为，端正其教学思想，促进学生体育素质的提高。

（二）提高体育课堂教学的质量

教学评价是体育教学质量保障体系的重要组成部分，对推动教师做好教学工作、全面提升教育质量具有重要影响。教师可以对学生的学习产生积极的影响，早在 18 世纪，教师评价就开始关注教学的改进。然而，教师要保证为学生提供正向的、积极的教学，就需要经常性地诊断和检查自己的教学，获得对自己教学行为和教学结果的反馈，及时的、丰富的教学反馈对于他们改进体育教学至关重要。因而，体育教学评价是衡量和提高体育教师的教学效率、保证体育教学效果的重要手段。

（三）促进体育教师的专业发展

教学评价可以为体育教师提供了解自己教学情况的机会，并为教师的教学发展指明方向。教学评价应该以确保教师的能力发展为中心，支持教师的专业发展。对体育教师而言，体育教学水平和能力是教师立足的基点，如何有效提高自身的教学水平与能力，是教师教育最重要的课题之一。而有效的教学评价是提高教师素质和教学效果的重要工具。体育教学评价不仅提供反馈，还可以帮助教师进行反思，指导他们改进教学，激励教师有针对性、有目的地不断学习与改进。体育教学评价能够让体育教师了解自己的优点与不足，有效地反映体育教学实践中的情况，为教师今后的发展指明方向。

六、体育教学评价的功能

（一）诊断功能

诊断是体育教学评价一个最为重要的功能。这一功能的意义在于通过体育教学评价得出的反馈信息，体育教师能判断当前的体育教学质量如何，从而为调整和完善教学计划提供真实客观的依据。某种意义上而言，体育教学评价就是对体育教学现状进行一次诊断。

具体而言，体育教学评价的诊断功能的意义主要体现在以下两个方面：一方面，对学生学习成绩的评估能对教学目标产生积极的影响；另一方面，通过诊断学生的学习情况能帮助学生清楚地认识到自己存在的不足，然后采取各种手段与措施加以改进和完善。

（二）研究功能

体育教学评价的研究功能是指对收集到的相关资料进行细致的分析与测量。这些资料具有一定的参考价值，主要表现在教学方法的衡量、教学课程的改进、学生身心发展评价等方面。

（三）检验功能

具体来看，体育教学评价的检验功能主要体现在以下两个方面：一方面，针对体育教师的教学水平、学生的学习水平等各方面进行评价；另一方面，通过体育教学评价为体育教学质量的提高奠定良好的基础。

（四）激励功能

激励也是体育教学评价一个非常重要的功能，这一功能对于激发学生学习体育的兴趣具有非常重要的作用。通过体育教学评价，整个体育教学情况能被很好地反映出来。教师通过评价反馈能清楚地认识到教学的不足以及需要完善的地方，而学生通过评价则能认识到自身在哪些方面还需要学习和提高，建立学习的自信心。这就是体育教学评价激励功能对教师和学生的影响。

（五）反馈功能

反馈也是体育教学评价的一个重要功能。通过体育教学评价，体育教师能及时了解自己的教学状况，从而为制订与调整教学方案提供客观真实的依据。同时，学生也可以及时发现自己存在的不足和各种问题，然后加以改进和完善。为实现理想的体育教学效果，体育教师要采取各种手段与措施激发学生学习的积极性，促使学生积极主动地参与体育教学活动。

（六）调控功能

通过教学评价得出的各种反馈信息，体育教师能以此为依据调整教学计划或方案，而学生也能认识到自己的学习水平和不足，从而采取有针对性的措施加以改善，这就是体育教学评价的调控功能。通过反馈的各种信息，体育教师能及时有效地调整和修订教学计划，改进体育教学方法；而学生则可以适当调整学习策略，提高学习效率。由此可见，体育教学评价就像是一个调控系统，保证体育教学活动顺利开展。

第二节　体育教学评价的规范与落实

一、体育教学评价的原则

（一）科学性原则

体育教学评价的科学性原则要求评价者以客观规律为主要依据，确定一个合理的评价标准，从而得出良好的评价结果。体育教学评价的科学性主要体现在评价目标和评价标准两个方面，要保证这两个方面的科学性。贯彻科学性原则需要注意以下几点。

①体育教学评价要以体育教学目标为依据，确定一个合理的评价标准。

②体育教学评价工具的选择要合理，要具有很强的实用性和可操作性。

③选择科学、合理的统计方法与测量手段，正确处理各种评价资料和数据，以确保评价结果的准确性。

（二）指导性原则

体育教学评价并不是盲目的，而是遵循一定的规律和原则，其中指导性原则就是一个非常重要的原则，这一原则是指将评价和指导有机结合，帮助评价者客观对待被评价者，从而展开有针对性的评价活动。贯彻指导性原则需要注意以下几点。

①评价者要尽可能地收集大量的评价资料，然后进行细致的研究与分析，确保资料收集来源的可靠性。

②评价者要做到及时反馈，指导明确，避免拖沓。

③评价者的评价要有一定的启发性，留有余地和空间。

（三）客观性原则

客观性原则是高校开展体育教学评价工作时需遵循的一个重要原则。从某种意义上说，体育教学评价的一个重要目的是对教师的教和学生的学做出客观的价值判断，以最大限度地激发教师与学生参与体育教学活动的积极性和热情。如果缺乏客观性，不仅会使体育教学评价活动本身失去意义，而且会严重阻碍体育教学活动的正常开展。

具体来说，客观性原则要求评价者在进行体育教学评价时重点关注以下几个方面的内容：评价标准客观，避免随意性；评价方法客观，避免偶然性；评价态度客观，避免主观性。

（四）发展性原则

发展性原则主要体现为体育教学评价的最终目标并不是鉴定教学结果的好与坏，而是通过体育教学评价来优化体育教学的过程，从而助力体育教学目标的实现。因此，相关部门及工作人员在进行体育教学评价时，不应将工作的重点放在体育教学状况的甄别上，而应将重点放在给被评价对象提出合理化建议与意见方面，以不断改善被评价对象的工作思路、工作方法等，促进被评价对象的不断进步，从而为体育教学目标的实现创造有利的条件。

（五）整体全面性原则

整体全面性原则是指在进行体育教学评价时，选取的指标要注意涉及的范围应全面，要考虑到体育教学评价的各个方面、不同角度，不能以点概面、以偏概全。在具体评价的过程中，要体现体育教学的多方面目标，保证其整体性；要根据体育教学中不同项目的项目特点差异对待，保证其灵活性；要全方位地分析体育教学评价结果，保证其全面性。

（六）统一性与灵活性相结合的原则

一般情况下，体育教学评价的标准是统一的，目的在于对被评价对象做出客观、公正的检查与评定。但在具体的评价过程中，受多方面因素的影响，如被评价对象的特殊性等，如果坚持统一性原则，很可能会影响评价结果的公正性，不能准确地反映被评价对象的真实状况，这时就需要灵活调整评价标准。因此，相关部门及工作人员在开展体育教学评价活动时，应坚持统一性与灵活性相结合的原则，确保最大限度地反映被评价对象的真实状况，从而为体育教学目标的实现提供助力。

二、体育教学评价的标准

（一）体育教学评价标准的构成

体育教学评价标准主要由三方面内容构成，分别是效能标准、职责标准以及素质标准，具体分析如下。

1. 效能标准

效能标准是体育教学标准最重要的构成部分，也是体育教学目标实现的重要体现。效能标准主要包括两个方面的内容：一是效果标准，其主要评价对象是体育教学工作所取得的实际效果；二是效率标准，其主要评价对象是体育教学的投入与产出的比率。需要注意的是，效果标准与效率标准都存在明显的优缺点，具体的体育教学评价应将效果标准和效率标准有机结合在一起，以确保体育教学评价的客观性和合理性。

2. 职责标准

职责标准以被评价对象所应承担的责任为评价的主体内容，该评价标准的优点主要包括以下几点：第一，它能够使被评价对象明确自己在工作中所应承担的职责；第二，它能够在一定程度上激发被评价对象的工作积极性；第三，它能够帮助被评价对象明确自己的工作方向，增强被评价对象的责任感；第四，它能够帮助被评价对象及时发现自己在工作中存在的各种问题，然后采取针对性举措及时解决这些问题。

3. 素质标准

素质标准是对被评价对象完成工作或任务所具有的综合条件进行评价的准则，它是鉴定被评价对象是否具有完成相应的体育教学工作或任务职责和能力的重要依据。

具体来说，在体育教学评价过程中，常用的素质标准主要包括政治素质标准、思想道德素质标准、业务能力标准、心理素质标准、教学能力标准。

（二）体育教学评价标准的制定依据

1. 体育教学的目的与任务

从某种意义上讲，体育教学评价就是检查体育教学目的与任务的完成情况，并根据具体的检查情况制订相应的工作计划，最终推动体育教学目标的快速实现。

因此，在制定体育教学评价标准时，应充分考虑体育教学的目的与任务，为体育教学活动的开展提供方向性指导。

2. 体育教学的基本理论与规律

体育教学属于一种综合性的教学活动，不仅包含着诸多学科的基本理论，而且有着自身发展的独特规律。因此，在制定体育教学评价标准时，应将体育教学的基本理论与规律作为重要依据，确保体育教学评价标准制定的科学性和合理性。

3. 被评价对象的实际情况

被评价对象的实际情况也是体育教学评价标准制定的一个重要依据。从本质上讲，体育教学评价的目的是让被评价对象及时发现自己工作中存在的问题，然后采取针对性举措解决这些问题，在促进自身发展的同时，推动体育教学发展、助力体育教学目标的实现，因此，在制定体育教学评价标准时，应充分考虑被评价对象的实际情况。

（三）制定体育教学评价标准的要求

制定体育教学评价标准的要求主要有五个，分别是指导性、发展性、科学性、可行性以及灵活性，具体分析如下。

1. 指导性

指导性主要指体育教学评价标准的制定应该能够为体育教学的调控和发展提供科学的指导。体育教学评价标准既是体育教师开展体育教学活动、学生进行体育学习的重要参考，也是相关部门开展体育教学评价工作的重要依据，这就要求所制定的体育教学评价标准必须具有指导性。

2. 发展性

素质教育及教学改革的不断推进，对我国高校体育教学评价提出了更高的要求。就体育教学评价标准而言，其不仅要为高校体育教学工作的开展提供相应的参考依据，而且应以促进体育教学的长足发展和被评价对象的不断进步为重点，这就要求制定的体育教学评价标准能够体现发展性特征。

3. 科学性

科学性既是体育教学评价标准的一个重要特征，也是制定体育教学评价标准的一个重要依据。制定的体育教学评价标准只有具备科学性，才能为体育教学相关活动的开展提供科学的参考，才能彰显体育教学评价标准的科学价值。

4. 可行性

从某种程度上说，可行性直接决定了体育教学评价标准有无存在的意义，换句话说，制定的体育教学评价标准只有具备了可行性，才能为之后体育教学相关工作的开展提供科学的指导。因此，在制定体育教学评价标准时，必须从实际出发，统筹考虑各方面因素，确保体育教学评价标准的可行性。

5. 灵活性

受多方面因素的影响，体育教学实施的具体物质保障也存在一定的差别，如场地设施情况、经费投入状况等，这些因素会在很大程度上影响体育教学开展的具体成效。这就要求高校在制定体育教学评价标准时，在遵循教育部门有关体育教学评价标准制定的统一性原则的基础上，根据本校的具体情况做出灵活调整，确保体育教学评价标准能够为本校体育教学活动的开展助力。

三、体育教学评价的要求

体育教学评价的要求主要包括六个，即更新评价理念、注重科学评价、注重个体评价、以结果反哺评价形成教学评价闭环、建立有效的体育教学评价制度以及做好体育教学评价的组织工作，具体分析如下。

（一）更新评价理念

评价理念是影响体育教学评价结果的一个因素，正确的评价理念能够为体育教学评价工作的顺利开展提供科学的指导，为体育教学活动的发展提供巨大助力。因此，体育教学评价主体应不断更新体育教学评价理念，形成符合素质教育的、与时俱进的评价理念，并以此为基础设计体育教学评价的指标，促进体育教育评价工作的开展。

（二）注重科学评价

在具体的体育教学过程中，往往会出现学生厌倦体育课的现象，导致这一现象出现的原因是多方面的，如教学目标设置不合理、教学方法运用不恰当、教育评价标准错误运用等。其中，教育评价标准的错误运用是导致学生厌烦体育课最重要的原因。例如，在田径教学中，体育教师往往会根据学生最终的比赛成绩来评价学生的学习情况，忽略了学生在体育运动能力方面存在的差异，有些学生身体素质好、运动能力强，只需按照体育教师的指导加以练习就可以取得相对理想的成绩，但那些身体素质和运动能力相对较差的学生，可能即使付出了巨大的努力，也无法取得较好的成绩。在这种情况下，如果体育教师还继续按照统一的评价标准来评价学生的学习情况，不能因材施教，那么就会在很大程度上挫伤身体素质和运动能力相对较差的学生的学习积极性，使他们产生厌烦体育课的想法，而且从长远来看，还会对他们的全面发展造成非常不利的影响。因此，体育教学评价要求体育教师注重科学评价，在统一的体育教学评价标准的指导下，根据学生的具体情况，灵活调整体育教学评价标准，确保通过科学的体育教学评价，促进每一个学生的进步与发展。

（三）注重个体评价

受多方面因素的影响，学生在身体素质、运动能力、兴趣爱好等方面有着显著的差异，这就要求体育教师在进行体育教学评价时注重个体评价，以鼓励性的评价为主，调动学生体育学习的积极性，激发学生参与体育运动的热情，从而促进学生的健康成长。例如，对于性格开朗但运动能力相对较差的学生，体育教师可以在评语中这样鼓励学生：性格开朗、善于交际是你的优点，如果能够在运动方面再多投入一点时间的话，你会更加出类拔萃。相反，对于性格内向的学生，体育教师可以在评语中这样鼓励学生：你有运动的天赋，如果能够更加积极地参与到体育教学活动中，你会发现更好的自己。

（四）以结果反哺评价形成教学评价闭环

发挥教学评价的发展性功能，意味着有效运用教学评价结果，形成完整的教学评价闭环。在运用教学评价结果时，一方面，避免将评价结果本身作为评价目的，以标签形式对体育教师的教学工作进行等级划分，这样既容易造成评价结果功利化风气，又不利于发挥体育教学评价反哺体育教学工作改进的作用；另一方面，要保障评价结果的信度和效度，确保评价结果反馈的及时性，让体育教师能够定期及时地对自身的教学工作形成客观、真实和全面的了解，认识自己的优势与不足，明确教学工作调整方向，增强改进教学的内在驱动力，不断促进教学能力和教学质量的提升，形成良性发展的体育教学评价闭环，为体育教学质量提升提供坚实保障。

（五）建立有效的体育教学评价制度

建立有效的体育教学评价制度也是教学评价的一个重要要求。体育教学评价工作的顺利开展离不开体育教学评价制度的保障，只有建立了有效的体育教学评价制度，体育教学评价工作的有序开展才能有科学的指导。

　　具体来说，有效的体育教学评价制度需要具备以下几个特征：结构性，完整性，过程性，全面性。例如，在对学生的体育成绩进行评价时，要重视两个方面的内容：第一，不仅要评价学生体育知识与技能的掌握情况，而且要重视对学生学习能力的形成与发展的评价；第二，不仅要对学生体育锻炼的效果进行评价，而且要重视对学生心理素质的发展过程进行评价。

（六）做好体育教学评价的组织工作

　　体育教学评价的组织工作主要包括四个方面的内容，即人员培训、专家咨询、收集技术和手段的合理运用、评价经费的合理分配和使用。做好体育教学评价的组织工作，即从这四个方面着手。

1.人员培训

　　体育教学评价工作的顺利开展离不开相应评价人员的支持，这些评价人员主要包括评价方案设计人员、计算机程序编制人员、相关数据收集人员、评价结果分析人员等。为了使评价人员切实地认识到自己的职责，更好地发挥自己在体育教学评价中的作用，需要对他们进行必要的培训，使他们熟悉体育教学评价的方案，明确体育教学评价的流程，了解体育教学评价过程中可能出现的问题以及应对举措，从而提高评价的客观性和真实性。

　　需要注意的是，对于不同的评价人员，应进行有针对性的培训。例如，对体育教学评价数据与资料收集人员而言，主要培训以下几个方面的内容：第一，明确体育教学评价的流程与相关要求；第二，明确如何有效收集体育教学评价所需的数据与资料；第三，明确如何应对资料收集过程中出现的各种问题。

2.专家咨询

　　专家咨询能够在一定程度上提高体育教学评价组织者的评价水平，保证体育教学评价的科学性。因此，高校在开展体育教学评价活动时，可以在力所能及的范围内聘请专家，向专家咨询评价的相关内容，以提高体育教学评价的科学性、合理性。高校在聘请专家时应重点关注以下两个方面的内容：其一，聘请的专家应熟悉评价的内容；其二，聘请的专家需要具备较高的学术素养且办事公正、为人正直。

3.收集技术和手段的合理运用

　　收集技术和手段的合理运用也是体育教学评价组织工作的重要组成部分，其对体育教学评价工作的顺利进行以及有效评价结果的取得有着重要的意义。具体来说，收集技术和手段的合理运用应重点关注以下几个方面的内容：其一，熟悉录音、录像等设备的使用方法；其二，熟悉各种收集技术与手段，并且知道它们的具体应用场合；其三，在具体的实践过程中，能够根据具体情况灵活使用收集技术、调整收集数据资料的手段，确保信息收集的完整性和真实性。

4.评价经费的合理分配和使用

体育教学评价工作的顺利开展需要相应经费的支持，评价经费分配、使用的合理与否直接影响体育教学评价活动的开展。因此，高校应根据体育教学评价的具体开展情况给予相应的经费支持，而体育教学评价的具体工作人员则要统筹把握各方面因素，制订合理的经费分配和使用计划，确保通过合理分配和使用评价经费，推动体育教学评价活动的开展。

第三节　体育教学评价的发展与改革

一、体育教学评价的发展趋势

（一）以激励为主，保证评价的科学性

上体育课原本是一件轻松有趣的事情，但是，受现有的教学评价方式的影响，教师过于重视学生的学习成绩，而忽略了学生的学习态度、情意表现、进步水平等方面，导致一部分学生出现了厌学的情绪。除此之外，部分高校的体育教学还存在教学目标不合理、教学手段与方法单一等问题，这在一定程度上打击了学生学习的积极性。在这样的背景下，传统的教学评价标准已不再适应现代教育的要求。由于每一名学生的先天条件都是不同的，有的学生基础较好，不用怎么努力也能取得较好的成绩，而基础差的学生即使加大了锻炼的时间和强度，通常也难以取得理想的学习结果，如果采用终结性评价标准，学生学习的积极性势必受到打击。因此，改革旧有的评价方式势在必行。高校体育教师可以采用个体化评价的方式来激励学生，使学生在现代信息化背景下获得成长与发展。

（二）评价方式呈现综合性的特点

在信息化教学背景下，体育教学评价的方式也呈现综合性发展的趋势，以往单一的评价方式已不再适应当今信息化教学的要求，改革旧有的评价方式，完善评价手段势在必行。

1. 定量评价与定性评价的结合

定量评价是体育教学评价中较为常用的手段，通过利用这一评价手段，通常能取得不错的效果，主要表现为能够有效增强评价的科学性，使过去单一的定性评价得到有效的改变，这一评价手段在体育教学中十分常用。但需要注意的是，体育教学过程较为复杂，存在着很多影响因素，有很多因素无法运用定量评价的方式进行评价，因此还需要结合定性评价的方式进行。例如，学生在教学过程中的学习态度、学习行为等心理因素就无法运用定量评价的方式进行评价，需要体育教师结合定性评价来判断。在信息化教育背景下，运用定量评价与定性评价相结合的方式非常重要，需要引起重视。

2. 形成性评价、诊断性评价和终结性评价的综合运用

形成性评价主要指的是教师在教学过程中及时发现和诊断问题，做出一定的反馈并改进，保证教学活动的顺利进行。

诊断性评价是指对学生在某一阶段的学习准备状态做出一定的诊断，能为接下来的学习提供良好的依据。

终结性评价是指对某一阶段的教学工作进行的综合全面评价，属于一种结果性评价，能大体反映出学生的学习情况。

以上三种体育教学评价方式各有优势和特点，同时也存在自身的缺陷。没有一种评价方法是万能的，因此在进行教学评价的过程中，一定要将这三个方面的评价结合起来进行，如此才能取得理想的评价结果。以往的体育教学中，非常重视终结性评价，随着信息化时代的到来以及素质教育的发展，这种单一的评价手段已不能满足体育教学的要求，需要将形成性评价、诊断性评价和终结性评价结合起来，这样才能满足当今体育教学的要求。

3. 自我评价与他人评价的结合

在传统的教育理念下，他人评价方式比较受重视，教师评价与自我评价受到一定的忽视。在对教师的评价中，通常缺少任课教师的自我评价。任课教师长期工作在教学第一线，相较于其他工作人员来说，他们对教学活动的具体情况和教学质量的优劣情况是最为了解的。但是，在体育教学评价的过程中，仅仅依靠教师的自我评价是不可能完成教学评价这一重要工作的，因为任课教师对于自我评价可能存在心理压力以及受主观因素的影响，导致其对自身的评价不同程度地欠缺客观性和准确性。由此可见，将自我评价与他人评价结合起来才能取得理想的评价效果。体育教学大部分都是实践活动，亲身体验可以说是体育教学的一个非

常重要的特征。在体育教学中，学生根据教学目标，通过随时对自己进行评价，能够始终保持在教学目标的指引下进行学习，这能有效激发学生学习的积极性，促进学生学习水平的提升。除此之外，还应要求学生确立自我评价的目标，制定有利于自身学习的评价标准。这一评价标准要符合现代学校素质教育的要求，符合信息化时代发展的要求。这对于学生养成正确的自我评价能力是非常重要的，有利于学生及学校体育教育的共同发展。

（三）评价主体互动化

现代教学评价强调将完整的有血有肉、有感情、有个性的人作为评价对象，并通过评价促使受教育者个性的充分发展，注重质的分析，将所有对学生个性发展有意义的东西作为评价的内容，包括知识、能力、创造力、兴趣、爱好、情感、态度、意志、品格等多个方面；强调评价过程的开放、透明、互动和评价主体间的双向选择、沟通、协商，共同关注评价结果。

（四）评价理念人文化

随着社会的发展进步，人们的思想也在不断发展变化，体育教学评价也在顺应时代发展而变化，越来越多的学者提出从学生的利益出发，对学生进行多角度、多领域、全方位的研究。他们认为应该以尊重学生个体差异为基础，弱化以往体育教学评价的鉴定和分类功能，有效利用体育教学评价的教育和反馈功能，帮助学生进行多样化的发展，激发学生对体育运动的兴趣，端正学生对体育课的思想态度，培养学生自主锻炼的意识和习惯，加强对学生的心理健康教育，深挖学生的潜能，帮助其掌握基础体育知识并能在生活中灵活应用，全方位地提高学生的综合素质，为其今后进行体育运动打下坚实的基础，帮助其成为符合社会发展需求的人才。由此可以看出，目前对体育教学评价理念的改革越来越重视人文化和科学化。

（五）评价内容更全面

在教育改革视角下，课程改革一直是研究的热点，最新的课程标准中明确指出体育教学评价的内容应该更加全面、更具综合性，其评价内容应该涵盖参与态度、知识与技能、情意与合作、体能四个方面。虽然这四个方面已经呈现出一定程度的全面化，但还需要进一步完善。不同水平阶段学生的身心发展情况有所不同，因此体育教学评价的内容应以学生的发展情况为基础进行相应的调整，使其更加全面完善。

（六）评价信息化

随着信息化时代的发展，信息化教学理念出现，体育教学评价也顺应着时代的发展走向信息化。信息化的教学评价是根据信息化教学理念，运用一系列评价技术手段对信息化教学效果进行量评的活动。有学者认为，信息化教学评价应侧重于评价学生的表现和过程，镶嵌在教学过程的每一个环节中，评价标准也应由教师和学生根据实际情况和学生之前掌握的知识、兴趣和经验共同制定。因为在信息化教学中，学习资源的来源和覆盖面非常广，尤其是有互联网的学习资源介入，所以相关学者认为信息化教学评价应重视对学习资源的评价。

目前信息化教学评价的方法主要包括档案袋评价法和绩效评估法，都是记录教师与学生在教学和学习过程中各方面的表现来形成一个信息网，从而进行评价，相关学者也在继续研究更多更加合理的信息化教学评价方法，从这也可以看出体育教学评价的研究越来越朝着信息化的方向发展。

二、体育教学评价的发展策略

（一）关注学生的个体差异，采用多种多样的信息化评价形式

随着时代的不断发展，互联网技术的应用范围逐步扩大。通过利用互联网技术，取得了明显的教学成效，为此我们可以将教学评价建立在"互联网＋"的基础上，对学生实施评价，在评价过程中，要关注学生的个体差异，采用各种类型的信息化评价形式。

在信息化教学评价中，为保证评价活动的顺利进行，体育教师事先要对学生的实际情况进行充分的调查与分析，了解学生的运动基础、学习兴趣和学习能力等，然后以这些为基本依据，制定一个客观的、多元化的、差异化的评价标准，这一评价标准能客观地反映学生的综合能力和发展潜力。除此之外，还可以根据学生的体育基础运用各种信息化教学手段激发学生学习的兴趣，促使其以积极饱满的热情投入学习。

（二）建立体育网络成长档案袋

如今互联网技术获得了快速的发展，在体育教学中我们也应充分利用好这一技术，发挥其效能。在体育教学中，个人体育网络成长档案袋法是一种有效的评价方法。体育网络成长档案袋是对学生在教学过程中的实际信息的收集，旨在直观地反映学生的努力、进步和成就，是由教师和学生系统性、组织性地收集学生在学习过程中的各种网络信息，能确保整个体育教学评价活动的顺利开展。

另外，体育教学评价中的体育网络成长档案袋法，能帮助学生更好地认清自己，提升学生学习的自信心，满足不同水平的学生的体育需求。需要注意的是，利用互联网技术建立体育网络成长档案袋时，可以设置两个档案袋，一个由学生自己增删信息并保存，另一个则设立在体育数据库中，便于体育教师查阅，这样有利于体育教学评价活动的开展，并且有利于取得理想的评价效果，因此信息化教学评价手段值得大力提倡和推广。

（三）利用"互联网+"技术评价结果及时反馈

要想获得理想的体育教学评价结果，教师所采用的评价手段和标准必须合理，如此才能保证取得准确客观的评价结果。通过必要的反馈信息，体育教师能发现教学中存在的各种问题，从而采用各种信息化教学手段指导学生积极地参与体育教学活动。教师通过信息化教学评价手段，将记录的各种信息呈现给学生，能引导学生积极主动地学习和反思，及时纠正自身存在的不足，增强学习体育的自信心。

除此之外，体育教师在教学评价中还可以利用"互联网+体育"的评价手段，实时跟踪监测学生的学习情况，客观地评价学生的体育学习及应用能力。与其他教学评价手段相比，信息化教学评价手段具有无可比拟的优势。

（四）进一步认识体育教学评价，充分发挥其价值

在整个体育教学过程中，教师和学生对体育教学评价的认识还存在着一定的不足。因此，要想方设法增强他们的体育教学评价意识，首先要做的就是使他们了解体育教学评价的真正作用和价值。这一点要从学校的角度来实施，学校要充分发挥教学评价的积极作用，激发体育教师的行为动机和热情，明确体育教学评价的目的，从某种意义上说，这是唤起教师的责任感和使命感的重要途径之一。

（五）丰富体育教学评价内容，完善教学评价体系

体育教学评价不仅要发挥价值，重视学生需求，还要保证其评价内容的全面性、结果的客观性，这一点至关重要。要做到这一点，就要重视教师和学生两个主体的意愿，从教师和学生的情感状态、自身行为、实际需求出发，不断丰富评价内容，完善教学评价体系，使其更加系统化、科学化。

一方面，学校应该完善体育教学培训体系，定期对教师进行新知识、新技能培训，从而使教师的整体素质得到有效提升，促使教师更深入地理解体育教学的目的、目标。

另一方面，体育教师要遵守体育教学标准和评价的原则，保证教学评价的客观性和全面性，将体育教学的发散功能尽可能地发挥出来。体育教师也要重视在教学活动中所感受到的学生成长与发展，在评价学生的体育学习及表现时，推进体育教学方式向服务对象转变。

（六）健全体育教学评价方式，重视多元化评价方式的运用

体育教学评价方式的多元化，就是指从单向转为多向，增强评价主体间的互动，强调被评价者成为评价主体中的一员，建立学生、家长和教师等共同参与、交互作用的评价机制，以多渠道的反馈信息促进被评价者的发展。因此，建立由学生、家长、学校等共同参与的多元评价机制，使学生对自身有更为全面的认识，对于学生的全面发展是有着积极的促进作用的。

由于学生具有鲜明的个性，他们的体育需求及身心发展都有着自身的特点，并且不同学生的层次化差异比较显著。因此，学校在进行教学评价时，可以制订层次化教学评价方案，根据学生的身体素质及体育技能进行合理的设计，不同层次的学生对应不同层次的教学评价方案，这就使得评价机制更具多样性与个性，从而能更加有效地发挥体育评价的教育功能，促进学生体育发展。

第八章　教育改革视角下的
体育教学师资改革

高质量体育教师队伍是新时代高质量教育体系的重要组成部分。习近平总书记在党的二十大报告中明确提出要加快建设高质量教育体系。高质量教育体系的建设离不开高质量的教师。《中共中央　国务院关于全面深化新时代教师队伍建设改革的意见》等政策文件对新时代教师队伍建设做出了顶层设计，从战略和全局高度充分强调了教师工作的重要性，并把全面加强教师队伍建设作为一项重大政治任务和根本性民生工程。加快建设体育强国离不开高质量的体育教师，高质量体育教师是高质量体育教育的内生变量，是培育学生强健体魄的中坚力量，也是推进中国式学校体育教育现代化和建设体育强国的重要支撑。因此，在教育改革视角下进行体育教学师资的改革是非常有必要的。本章分为体育教师的能力结构、体育教师的专业发展、体育教学师资队伍建设改革三个部分。

第一节　体育教师的能力结构

一、体育教师的教学能力

（一）体育教师教学能力的内涵

随着教学能力研究的丰富，不少学者从不同视角出发，探讨体育教学能力的概念。对于体育教师教学能力的内涵有以下几种观点。

①体育教师的教学能力以一般能力（认识能力）为基础，通过具体的体育教学活动展现出来特殊能力，是一般能力与特殊能力的结合体。

②体育教学能力是影响教学活动的心理特征；是体育教师将个人智力、知识与技能通过教学活动转化而成的职业素质。

③体育教师的教学能力是支持教师在不同体育教学环境中满足有效教学所需要的知识、态度和技能。

④体育教师的教学能力是由多种要素组成的，反映体育教师在完成教学任务中的个性心理特征，是体育教师为达到教学目标、取得较好教学成效所具有的潜在的可能性。

⑤体育教师的教学能力不能脱离对体育教学知识、教学技能与教学能力之间关系的定义，而仅仅把它看作个人心理特征。

⑥体育教师的教学能力是为达到体育教学目的、完成教学任务而具备的知识、能力与情感。

⑦体育教师的教学能力是为保证体育教学有效性，完成相应教学目标，在教学过程中展现出来的各种综合能力。

结合上述内容，笔者认为体育教师教学能力的内涵如下：是在具体的体育教学活动中展现出来的；是一种个性心理特征；是有目的、有计划、有组织的；是知识、技能和情感态度的有机融合体。

（二）体育教师教学能力的分类

1.体育教师的语言能力

语言是教师与学生信息交流沟通的重要载体，作为新时代的体育人才，体育教师除了需要不断提高自身的专业素养外，还需要提高自身的语言表达技巧。体育教师的语言能力包括队列队形的口令和术语、动作技能的专业术语以及上课过程中与学生沟通的话术技巧等。

2.体育教师的示范能力

体育课程的教学不同于其他学科，其他学科的教师主要是通过备课、上课向学生传授知识，在教学过程中，学生主要是通过耳听眼看来学习知识。但体育课大不相同，在体育课堂中，学生要完成大量的身体练习，若想学生按标准学习动作技能，教师必须向学生展示和讲解正确的动作规范，才能使学生掌握一定的体育知识，完成教学任务。

3.体育教师的纠错能力

在体育教学的过程中，由于学生的身体素质等方面具有差异，体育教师更应该善于观察、发现学生的错误动作，并且及时分析指正，让学生尽快纠正错误动作，掌握正确动作，增强学生学习的自信心。

4. 体育教师的组织管理能力

体育课的教学模式不同于其他学科，体育课的教学大多在室外展开，受环境、器材等因素的影响很大，这就要求体育教师具有良好的课堂组织管理能力。在教育改革视角下，作为一名合格的体育教师，需要在课堂上激发学生的学习兴趣，营造良好的课堂氛围，把控好课堂纪律和秩序，并且要合理地布置场地、分配器材。

5. 体育教师的教学评价能力

对体育课的质量评价，是体育教师提升专业综合素养和教学质量的重要手段。对体育课进行教学质量评价的主要目的不是对教师进行优劣划分，而是了解体育教师的具体教学情况，分析体育教师上课过程中的优缺点，从而达到促进教学工作开展、提高教学质量的目的。

体育教学评价一般分为对体育教师专业素质的评价、对课堂教学的评价。对体育教师专业素质的评价维度包括对教学道德、教学能力和教育科研能力的评价；对课堂教学的评价，一方面要对体育教师的整个教学过程进行评价，另一方面要对体育教师教学的有效性进行评价，也就是说，对课堂教学的评价不单单要注重教师的组织教学能力，还要兼顾学生在练习过程中的表现。

6. 体育教师的教学反思能力

体育教师的教学反思是指体育教师在授课过后，对自己的教学内容进行自我反省、监控、体验，通过辩证地否定自我的教学行为的一种认知加工过程。进行教学反思的主要目的是不断提高体育教师的教学质量。在教育改革视角下，一个合格的体育教师进行教学反思时应当考虑以下几个方面：教学目标完成度、课堂氛围和谐度、教学过程是否得到优化、教学方法灵活性、教学手段优越性、教学策略合理性、场地器材运用合理性以及练习密度和练习强度。

（三）体育教师教学能力的特征

1. 示范性

体育教师教学能力最鲜明的特征是示范性。"以身作则，为人师表"是教师应具有的职业道德操守。教师是学生的模范与榜样，在教育改革视角下，体育教师在教学过程中，传授理论与知识，学生通过感官系统或集体合作、自我体验等方式学习知识。在传授体育技能时，体育教师的示范本身就是教学的过程。除此之外，课堂的教学模式、教学方法的运用以及课堂组织形式，都是体育教师教学的过程。因此，体育教师的专业示范性强，他们自身的教学行为即对这一职业进行了最好的诠释。

2. 有效性

有效性也就是说，体育教师具有科学的教育理念，运用科学的技术和手段，结合教育实际，合理制订教学计划，对教育教学进行全面监控，达到教学过程的最优化，促使学生更好地学会学习。

在教育改革视角下，体育教师教学能力的有效性主要表现在三个方面：第一，运用信息科学技术，选择与整合教学内容；第二，不脱离时代，对基础教育加强理解，制订符合高校学生的培养方案；第三，实时监控教学效果，进行有效教学，提高教学质量。

3. 创新性

社会是不断发展的，教育教学理念也在不断变化，教师的教学创新思维也需要紧跟时代不断发展，才能更好地引领学生对知识融会贯通、灵活运用。体育教师应当承担以下角色：传道授业解惑的教师、引领者、课程开发建设者、教学示范者以及研究教学人员等。作为体育教师，职责里蕴含着对教学研究发展的要求，其中对创新性的要求更高。体育教师教学能力的创新性主要表现在以下方面：对教学体系的构建、教育理念的改革与发展、教学模式和教学方法手段的创新、教学资源的更新等方面。

4. 实践性

实践性是体育学科表现出来的显著特征，同时也是体育教师教学能力的重要特征之一。在教育改革视角下，无论是理论课教师还是技术课教师，其教学都与实践息息相关。体育教师传授知识的同时也会结合实验操作、模拟课程等实践，传授技能的同时也会融合技能构成原理等方面的知识，使学生在学中做，做中学。

二、体育教师的课程思政能力

（一）体育教师课程思政能力的内涵

在高等院校中，体育教师是充分运用自身学科知识、运动技能，在教室以外的操场、体育馆、球场等体育场地，对学生进行运动技能和运动知识的传授，促进学生掌握运动技能并自主进行身体活动的同时，引导学生树立终身体育观念的教育工作者。高校体育教师是体育教育的管理者与实施者，其肩负的责任是十分重大的。然而，在教育改革视角下，单纯依赖政策文件、政府支持和德育评价，无法将体育课程与思政进行有效融合。为此体育教师要提高自身的思政水平，转变教学理念，深挖体育课中潜在的思政资源，在坚持体育育人理念的基础上合理设计高校体育课，确保课程思政在体育课程中的有效融入。

体育教师是课程思政与体育课程结合的桥梁，需要体育教师在体育教学活动中树立育人育德目标，为体育课程思政建设要义的创造提供适宜环境，使马克思主义原理萦绕在学生体育学习中，引领学生普遍了解、深刻领悟、熟练运用马克思主义原理，处理好学生在体育学习中遇到的问题，从而达到使学生精准掌握体育运动本质和规律的目的。

综上，体育教师的课程思政能力是体育教师在对学生进行教学的过程中融入思政元素的能力，能够充分实现课程思政载体的育人价值，达到增强学生体质、磨炼学生意志、德体同育的目的。

（二）提升体育教师课程思政能力的必要性

1.课程思政的推进对体育教师的课程思政能力提出了现实要求

近年来，在教育改革视角下，为提升教师的课程思政能力，尤其是高校教师的课程思政能力，国家相继出台了多项政策，《国家开放大学综合改革方案》《新时代学校思想政治理论课改革创新实施方案》《新时代高等学校思想政治理论课教师队伍建设规定》《高等学校课程思政建设指导纲要》《关于加快构建高校思想政治工作体系的意见》等都体现出了高校课程思政建设的必要性，可见，我国对高校课程思政建设的重视程度只增不减，对教师课程思政能力的培养力度不断加大，为高校体育教师课程思政能力评价体系的构建提供了坚实的理论基础。整个教育领域中，课程思政的重要性日益提升，在培养具有坚强意志的人才的过程中，对教师的课程思政能力提出了新的要求。作为高校课程思政重要课程中的重要人物的高校体育教师，在课程思政中起到重要作用。因此，要想建设一支合格的课程思政体育师资队伍，在专项课程开展中，完成课程思政要求，恪守课程思政理念是高校课程思政建设中的关键环节。

2.体育教师课程思政能力评价指标体系的缺失阻碍体育教师课程思政能力的提升

目前，仍有部分学校对课程思政的具体内涵认知模糊。部分教育工作者认为，课程思政就是换了说法的思想政治课程。例如，在分工明确、术业专攻的高校中，各专业课教师的思政意识与思政能力较党团领导、专业思政教师和专职辅导员存在一定差距，专业能力远超思政能力，限制了专业课程教学中思政元素的嵌入，因而党团领导、专业思政教师和专职辅导员才是负责思政教育的中坚力量。但目前我国高校由于教师数量、学校规模、教师水平、思政意识等多重因素的制约，高校体育教师存在教育动力不足、教学能力缺乏、思政意识缺失等现实问题，并且由于课程思政能力评价指标体系的缺失，无法对教师的课程思政能力进行评价，造成教师课程思政能力低下的恶性循环。因此，构建高校体育教师课程思政能力评价指标体系可以准确判断和科学评价高校体育教师的课程思政能力、教学能力以及发展潜力。明确教学过程中专业教师熟练运用课程思政的必要性，纾解课程思政融入专业课程教学的难点，对壮大高校体育师资队伍、构建体育教师教育体系与完善课程思政体系起到了推动作用。因此，只有为高校体育教师构建课程思政能力评价指标体系，才能使体育教师更直观地发现并解决体育课程中课程思政建设存在的问题，使"提升课程思政质量"的目标落到实处，对高校体育课程思政的健康发展起到关键作用。

三、体育教师的体育科学研究能力

在教育改革视角下，体育教师的体育科学研究能力表现为体育教师运用科学方法探索体育本质及规律的认识过程。体育科研方法提供的思考步骤与操作步骤，能够有效地引导体育工作者科学地认识体育的目的。

体育教师的体育科学研究能力包括：搜集整理文献，掌握科学研究全过程的能力；掌握和运用基本科研方法的能力。

在高校开展体育科学研究是推进高校体育与健康课程改革、加快体育教学创新的客观要求；是高校创建教育特色、提高办学水平、提升学校品位的重要举措；是提高体育教师素质、发展自我、成就自我的重要途径。体育教师应充分意识到开展体育科学研究是促进高校体育可持续发展的内驱力，高校体育只有以体育科学研究为先导，才能使体育教学工作顺应改革的潮流，不断向前推进。因此，体育教师应树立体育科学研究意识，积极参与体育科学研究活动，不断培养和提高自身的体育科学研究能力。

第二节　体育教师的专业发展

一、体育教师的角色与职责

（一）体育教学的研究者与指导者

新时代教研员具有"研究、指导、服务"三大职责，以及研究者、指导者和服务者三种角色。在体育教育教学的研究、指导过程中，体育教研员需根据《体育与健康课程标准》和学生的个体差异举行不同运动量和密度的教研课，组织不同类型的示范课、引导课，帮助一线体育教师初步解决合理安排运动量、运动密度等问题。这就要求体育教师具有一定的体育教学能力、诊断能力、指导能力和研究能力，能够率先成为区域性体育教育教学的示范者。为此，首先，体育教师需要掌握体育基础理论知识，包括运动科学知识、运动项目中的基本理论和运动技术的训练方法等；其次，在了解学生的动作技能习得规律、生理发育规律和心理发展规律的基础上，关注学生的运动参与、运动技能、身心特点与社会适应各领域在各个阶段的具体体现；最后，将体育与心理学、教育学、生理学等学科进行融合，加强对教学论、教育科研、教研通识知识、体育科学研究方法等理论知识的学习。

（二）体育课程的改革者

教育部原体育卫生与艺术教育司司长杨贵仁期望，体育教师肩负起体育课程改革推行者的使命。华东师范大学体育与健康学院教授季浏曾强调，体育教师需遵照课程改革的方向，对传统体育课的教学形态加以变革与创新。体育教师需掌握现行的国家体育政策，深刻领会国家对学校体育办学的基本要求和教材改革思路，并根据课程标准提出的教育理念结合学校、师生、资源等实际情况创造性地将国家课程校本化。

此外，在教育改革视角下，体育教师还需将学生、体育教材、体育教学手段（体育场地器材）紧密结合，对体育课程的类型、结构以及运动负荷和地方资源等进行深入的研究，总结体育教学改革取得的成绩、经验和问题。因此，体育教师应该具备前瞻性的教育理念和创新能力，对新知领域、新观念持敏锐态度，善于引导体育教学改革的新方向。

（三）体育技能的传授者

体育课是以体育项目为主要传授内容，以身体动作练习为主要手段，以增进学生健康和培养学生终身体育意识为主要目的的必修课。

从定义上看，体育教学与其他教学存在明显的差异，这些差异体现在多个方面。

首先，体育教学具有明显的教学内容和形式的技艺性、教学环境的开放性、教学途径的直观性、教学负荷的自然性。而这些特性都围绕着教学内容而展开，因此教学内容和形式的技艺性是体育教学的核心。体育教学具有很强的实践性和操作性，在教学工作中，要求教师通过动作技术示范，运用简练规范的语言引导，以直观的方式让学生在脑中形成对技术动作的影像，之后学生必须进行反复的身体练习，而不能仅仅通过记忆来完成动作学习。体育技能的传授者是体育教师在体育教学中承担的基本角色，但传授体育技能绝不仅仅是体育教学的唯一内容，体育教师还要努力担负起体育文化的传授这一责任。体育不仅仅是一项运动，同时也是一种文化，体育教师在传授运动技能的同时还要作为一名体育文化的传承者，只有这样，体育教师的工作才能更有内涵、更加不可替代。

其次，一名合格的体育教师，一方面要拥有教练员和体育特长者所具备的技能传授特性，另一方面要具备良好的文化内涵。如果体育教师将教学中承担的角色局限在体育技能的传授者上，将与当前体育课培养综合素质全面发展的人才的培养目标渐行渐远。

二、体育教师专业发展的必要性

（一）现代化教育的建设需要体育教师专业化

自新中国成立以来，我国对教育的关注力度只增不减，面对现代化教育的建设，国家依据现代化发展的时代要求和社会发展的深刻变化，以及人民对教育理念不断健全的美好意愿，开始不断地对学校教育基础课程标准实施修订。例如，在最新的 2017 年版的《普通高中体育与健康课程标准》中，课程内容结构和教学方式、课程阶段目标、课程学分获取和评价体系等都做出了改变，对课堂教学的编设、创新、多学科融合运用能力提出了新的要求，也就是对体育教师的专业能力有了更新的要求。2019 年 2 月，中共中央、国务院印发的《中国教育现代化 2035》中同样指出，面向教育现代化的十大战略任务之一，就是建设一支高素质专业化创新型教师队伍。

基于此，在教育改革视角下，需要培养教师更优秀的品德意志，完善教师资格体系和准入制度，健全教师职称、岗位和考核评价制度，强化职前体育教师培训和职后体育教师发展的有机衔接，夯实教师专业发展体系，推动教师终身学习和专业自主发展，加大教师表彰力度，努力提高教师的政治地位、社会地位、职业地位。在新时代教育现代化发展要求的宏观指导下，我国体育教师队伍必然应依据这一战略任务部署，提高自身专业素养，促进专业发展。

（二）体育教师专业发展问题凸显

教师专业发展直接关系着学生的成长与发展，而教师个体是教育事业成败的关键。现代化教育下，教师专业化是一个共性问题，也有着各自学科的特性问题，体育教师的专业发展问题，因具有明显的具身性与独特性，对专业能力的要求更迫切。但是，目前部分体育教师存在学科知识与专业知识运用生疏，教学目标模糊，教学理论与实践脱节，教学形式单调，教学模式固化，缺乏应对教学、训练突发状况的能力，缺乏反思性活动等一系列问题，这都显露出体育教师在专业化的追寻中，有些偏离航线。因此，通过何种路径、方法与手段，提高体育教师的专业能力和教育教学质量，显得尤为迫切和重要。对体育教师专业发展问题的研究与回答，有着实现体育教师自身地位的提高以及促进教师专业良性发展的双重意义。

（三）个人知识与体育教师专业发展的内在必然性

20 世纪 50 年代，英国著名物理学家、哲学家迈克尔·波兰尼（Michael Polanyi）在其著作《个人知识：朝向后批判哲学》中将人的知识分为显性知识和缄默知识，也有人翻译为外显知识和内隐知识。通常所说的知识是文字、书本、数学公式这类能够被人清楚地学习了解和转载记录的知识，被称为显性知识，还有一种是不能系统表述的，关于个人在行动过程中拥有的、依赖个人理解力的非结构性的知识，或者叫缄默知识。波兰尼的另一重大理论就是确定了个人知识的非客观性，以往的认知里，人们已经习惯地把知识当作"普遍的""客观的""非个人的"，将个人知识认为是与科学知识产物相对立的，充满个人经验性的知识体系。但在波兰尼的论证中，科学知识的性质强调"所有认识过程中的个人参与"。随着现代教育内核式发展问题的不断突出，国内外学者对个人知识与教育学的研究探讨已经成为热点趋势，而近年来，我国学者也就体育领域与个人知识的联系展开了研究，从个人知识的理论体系来看，其与体育教师的内在关联性如下。

第一，体育教师作为学校体育的组织者和实施者，是在不同级别和类型的教育机构中从事与体育相关课程教学工作的人，又是一项专门从事体育教育教学工作的职业。并且由于体育教学以运动技能传承和运动项目教授为主，具有深刻的实践知识传授意义，因此我们可以看到体育教师并不是上课手捧一本书，边读边教，传授着书本上的知识，而是通过教师个人在入职前的专业学习和入职后的研讨培训进行传承式的教学，带有明显的实践性。体育教师有着比其他学科教师更为直接的缄默知识，只不过在教学中处于潜意识运用状态。因此，如果将体育教师教学中所涉及的缄默知识特性具象与共享，那么对于体育教师的专业发展必然起到跨越式的进步作用。

第二，个人知识强调所有认识过程中的个人参与，这种个人参与带有个人性。在教育改革推进的过程中，部分体育教师存在教育教学观念陈旧、教学懈怠问题，这都体现出如今部分体育教师缺乏对体育本身与体育课程教学的求知热情，所以我们要为体育教师专业发展夯实理论基础，搭建理论框架。在教育改革视角下，要努力达到新时代对体育教师专业素养的高要求。

三、体育教师专业发展的策略

（一）体育教师专业精神提升策略

1. 形成正确的职业认知和理念

从体育教师主观层面来看，要形成正确的职业认知和理念，充分地认识到教师这个职业的价值和任务，对体育项目以及教学意义形成正确的认知，树立高尚的职业道德，与学生建立良好的师生关系，以良好的品行和修养投入体育教学，主观意识上有目的地进行自身专业修养的塑造和发展提升。

2. 树立良好的教学发展理念

在教育改革视角下，体育教师肩负着体育教学的重要任务。对我国教育体系而言，体育属于一种文化舶来品，我国与世界文化的交流是了解体育项目的主要途径。任何事物都处于不断发展变化的过程之中，因此体育教师要树立对体育项目的更新意识，深入研究体育项目的本质和发展，保持对体育项目的热爱，将体育教学作为自己终身践行的职责，树立先进的教育理念，在教学实践中，保持并促进专业精神的良好发展。

（二）体育教师专业能力提升策略

1. 重视对体育教师专业素养的培养

从学校层面来说，为了实现高质量体育人才的培养，学校要提升对体育教师专业素养的重视程度，支持教师的专业素养发展，为体育教师提供在职培训机会，依据社会需求，对体育教师进行针对性的在职培养，并开发新老教师之间的经验借鉴模式、人才引进讲座和教师输出培训的模式，综合利用多种途径对体育教师进行专业培训，促进学校体育教师专业素养的提升。

2. 营造良好的专业能力提升环境

学校不仅是教师任职的场所，同时也是教师专业发展的主要途径。为了提升体育教学效果，实现高质量人才的培养，学校方面要加强对体育教师专业素养的培养，加强与其他高校之间的沟通合作，实现资源共享。

体育具有艺术特质，因此高校要重视对体育教师的体育艺术特质的开发和培养，采用定期聘任优秀教师，或者选拔教师去优秀艺术院校交流进修的方式，以更加开放的培养环境，促进高校体育教师专业能力的提升。

3. 丰富体育教师来源渠道

高校对于体育教师的招聘，具有较为严格的资格认证以及考评制度，招聘来源多为专业院校。在引进高学历人才的同时，高校也要适当引进高水平专业体育选手，适当针对优秀的体育选手放宽学历要求，在提升高校体育教学质量的同时，也要引导体育教师与其他专业体育教师之间形成优势互补关系，在相互学习的过程中，实现专业素养的提升。

4. 完善高校体育教师专业素养评价体系

完善的评价体系不仅可以检验高校体育教师的专业素养水平，并且可以形成有效的激励机制，教师职称评定、教学工作质量评价以及福利待遇的发放等均应以评价体系为基础。因此，高校应采用完善的评价机制，对体育教师进行全面的评价，为体育教师带来更多实质性的惠利条件，激励体育教师更加认真负责地投入教学工作，在实践中促进自身专业水平的提升。

（三）体育教师专业知识提升策略

1. 优化人才培养模式

优化人才培养模式，为体育师资奠定高质量的后备人才基础。在师资人才培养阶段，高校除了进行必要的理论教学之外，还要重视校企合作模式的开发和运用，使人才培养做到理论和实践相结合，在教育阶段就开始对体育师资的后备人才进行专业素养的培养，从生源阶段提升质量，为学校体育教师专业素养的提升奠定基础。

2. 积极参与培训，加强专业知识的积累

教师在教学过程中，要重视自身专业能力的不断提升。时代不断发展进步，对人才培养的需求也不断变化，对教师的教学能力也提出了更高的要求。体育教师在开展教学工作的同时，也要重视个人能力的提升，在体育专业知识体系不断更新的基础上，对先进的教学手段和教学技术进行学习利用，弥补教学不足的同时，也促进自身专业素养水平的提升；积极参与在职培训，有意识地发觉自身专业素养方面的不足，有针对性地进行学习提升；重视多学科理论知识的学习和综合运用能力，实现体育教学中的多学科融合，在提升个人专业素养的基础上，为学生提供更为深入的、全方位的体育教学。

3. 逐步提高体育教师的从业标准

现代体育教育的新观念和范畴涵盖的领域不断扩大，并且随着体育教育科学化进程的加快，人们对体育教师的基本素质要求也越来越高。然而，我国选拔、录用、培养体育教育人才却沿袭着 20 世纪的模式，即使目前改革有些新进展，体育教育的理念被重新确定，但是配套的措施和方法有待完善。

要想提高体育教师的专业知识水平，首先，要对从业标准进行宏观调控；其次，要完善体育后备人才运动训练与文化成绩同步提高的管理办法；最后，在选拔聘用体育教师时，应该制定一定的专业知识水平考核标准，使文化知识水平高的体育后备人才加入体育教师队伍，发挥"入关"作用，确保体育教师的整体文化素质符合现代化体育教学的要求。

第三节 体育教学师资队伍建设改革

一、体育教学师资队伍建设面临的困境

（一）职前、职后教师培训有待贯通

职前、职后教师培训工作的实施，能够帮助教师转变身份，从实习生、学生

等身份转变为一名教师。职前、职后教师培训工作的开展，在专业发展中占有重要的地位，它能够帮助教师成长，为教师指明方向，不断提升教师的教育教学能力，助力教师专业发展。

在教育改革视角下，从当前教师专业发展情况来看，存在职前、职后教师培训工作有待贯通、融合性有待提高等问题。例如，教师在职前与职后的培训内容、培训模式、培训方式等方面的衔接不足，从而影响了教师自身的教育方式和教育能力的衔接。

（二）教师的数字化教学水平有待提高

社会在进步，科技水平在不断提高，教育事业也面临着诸多全新的挑战。随着信息技术的快速发展，网络已经逐渐融入人们生活的方方面面，给人们的生活带来诸多便利，同时也给现代教育带来全新的变革与创新。在"互联网＋教育"的背景下，现代教育事业对体育教师的信息化水平也提出了较高的要求。

传统体育教学中，体育教师大多开展室外体育活动，很少会用到信息技术，因此信息技术水平有待提高，体育课堂的数字化教学不够理想。在教育改革视角下，随着科技的发展以及现代教育的进步，以往的教学模式和手段已经无法满足新时代学生的发展需求。相关研究数据显示，目前我国部分体育教师的信息化水平有待提升，信息素养偏低，影响了体育数字化教学的发展。因此，体育教师应重视这个问题，积极提升自身信息素养，紧跟现代教育的步伐。

（三）激励评价机制还需进一步完善

大部分学校存在体育教师激励制度，但缺少对体育教师激励制度的评价机制。教育改革视角下，在实施激励制度之后需要对其进行评价，了解其中存在的不完善的方面，从而改进激励方案和实施流程，达到良性循环，并且能真正了解教师的心声，达到激励效果。

二、体育教学师资队伍建设策略

（一）职后教育分层次安排，符合教师专业发展需求

培训单位在对教师进行培训时，要关注教师的个体化发展，做到因材施教，对培训内容进行合理选择，培训内容作为教师参与职后教育活动的载体，只有满足体育教师的专业发展所需，才能更有利于吸引体育教师的加入。这要求培训机构针对体育教师的需求进行合适的抉择，根据体育教师的不同需求选出不同的培

训内容，使整个培训活动更加符合教师需求。教育改革视角下，当地可采取分层次安排的方式对体育教师进行职后教育，促进专业发展。

首先，在职后教育前期，应对参与人员进行专业发展阶段评价，以不同专业发展阶段进行分层次安排，并针对不同阶段的体育教师的需求进行考察，更好地满足体育教师的专业发展需求。

其次，请相关专家对不同阶段的体育教师对职后教育专业发展内容的需求进行分析，并对职后教育专业发展内容进行有效的选取，同时还要关注高校体育发展的趋势，及时更新培训内容。

最后，安排对应不同阶段需求的专家上课。

（二）完善相关培训组织管理制度

对地方教育行政部门来说，一是要充分发挥自身的管理职能，加强对教师培训政策的落实与管理，以县为主进行教育管理，明确州、县、乡三级责任，同时充分发挥其组织功能，采取各种措施，鼓励和吸引各机构参与到教师培训工作中；二是要做好对职后教育活动的监察，设立分管职后教育的部门，设置职后教育调查员岗位，负责收集教师目前在教学工作上的疑点、参培需求，为后续职后教育组织单位提供有效的反馈，促使职后教育活动更加贴合教师的需求。

对学校来说，应当重视本校教师的职后培训和专业发展，为教师职后的专业发展提供制度保障。一是在培训机会上，明确参与职后专业发展的资格要求，防止"关系户"的出现，确保体育教师人人有机会参与职后专业发展，同时多关注刚进门的新教师，为他们提供更多参与培训的机会，帮助他们顺利地适应岗位。二是在培训时间的选择上，更多地倾向于寒暑假等教师休息期长的时间段，这样能够有效缓解因时间紧迫、路程远导致精神不佳影响培训效果的现象，减少培训与正常上课引起的工学矛盾。三是建立合理的奖惩制度，对积极参与职后教育活动并合格的教师进行实质性的奖励，而对参与职后教育但处于消极态度以及在参培活动中并未合格的教师实施惩罚，将奖励和惩罚相关联就能够大幅度提高教师参与职后教育的积极性，让更多的体育教师自主参与其中。四是可以依托本校资源，形成完善的校本教研体系，为不同发展阶段的教师提供不同的培训内容，使不同发展阶段的教师都能得偿所愿，营造良好的专业发展氛围，帮助教师形成专业发展共同体，建立良好的校本教研制度。

（三）构建科学有效的考评及聘任制度

教育改革视角下，科学有效的考评制度及方法能够发挥激励作用。如果条件允许，可以让学生参与到对教师的评价中，积极听取学生的想法，从而提升教学效果评价的客观性和有效性，最大限度地发挥考评的作用。还要引入竞争机制，营造良好的竞争氛围，依据聘任条件落实工作考评，结合教师的考评结果，做出相应的奖励或惩罚。还要在加强对现有教师的培养的同时，引入特色人才，构建科学有效的考评及聘任制度。

（四）完善体育教师日常工作考核制度

1. 设立民主考核监督机制，听取教师意见

高校应设立考核监督机制，以普通教师为主体，这样的监督机制对于考核制度的实施和改进具有监督作用，而且能够保证考核结果公平客观公正。

2. 完善教师日常工作考核评价机制实施方案

首先，建立数字办公系统，教师可通过此系统查询每个月的考核结果。随着互联网技术的发展，企事业单位都有自己的一套办公系统，通过建立这样的系统方便绩效考核结果的反馈，方便教师对每个月的工作情况有一个直观的了解。

其次，将考核指标和学校发展目标相结合。体育教学主要以"终身体育""健康第一"为主要目标，因此体育教师的考核指标也应该由学生的体育精神、体育技能、身体素质等方面综合构成，将体育教师的工作重点从体育教案延伸到提高学生的身体素质上，从理论知识的丰富延伸到体育技能和理论综合水平的提高上。

最后，完善日常工作考核评价机制。考核评价是对考核方案实施结果的有效反馈，当考核过程出现了不合理的地方，通过评价可以及时纠正，而考核中正确的则继续使用，从而保证考核方法和实施过程的公平公正。高校应将单独的上级考核、论文职称等一系列过于形式主义的考核，改为 360 度考核，加强对教师师风师德的考核，完善日常工作考核评价机制。

（五）提升体育教师的课程思政能力

1. 以体育教师的教学能力为保障，夯实思政注入根基

教育改革视角下，体育教师教学能力的提升是课程思政注入高校体育课堂的基本保障，教学能力是高校体育教师具备的基本能力，在传统的教学设计、教学实施、教学诊断与教学反思中贯穿体育育人意识，是体育教师在授课中主导作用的体现。

首先，体育教师要在课程思政背景下转变教学设计传统理念，在教学设计中切实响应"立德树人"的教育要求，以课程思政具体要求为抓手，满足高校体育

课程对培育学生健全人格的需求，在教学重难点上贯通德体兼修教育主题，明确思政教育融入体育教学的路径，将教学目标与教学过程、教学内容与教学方法相适配，将知识与技能、过程与方法、情感态度与价值观进行全过程系统融合，从而实现高校体育教学德体兼修的育人目标。

其次，体育教师在教学实践中要注重教学手段与方法应用，在体育技能传授中选择适时、适用、适度的教学方法，潜移默化地渗透思政教育。以高校体育教师教授舞龙课为例，在教授扭、挥、跳、跪、摇等动作时，在及时调配整合自身知识技能、精准教授动作技能的同时，积极弘扬我国民族传统体育文化，提升团队凝聚力，培养学生的团队精神。

再次，体育教师要及时进行思政元素融入体育课程教学的诊断，主动畅通学生的反馈环。在教育改革视角下，学生作为教学受众群体，是教学信息的接受者，因此教师应以问卷发放、课后访谈等方式形成师生信息传递系统，通过学生的及时反馈，捕捉课程思政融入高校体育教学的堵点，对课程教学模式、思政元素融入形式做出及时、有针对性的调整，从而提升教学效能。

最后，体育教师要及时分析现存问题，同时对自身育人理念、教学关键环节进行反思，并从中提取教学经验，形成"反思—凝练—改正—再反思—再凝练—再改正"的良性循环，以此来确保自身授课的畅通度，不断提升自身的教学能力。

2. 以体育课程思政运用为载体，落实德体共铸育人目标

体育教师在体育课程思政运用中需要积极整合自身的专业素养，参与体育课程的整体规划和设计，通过对体育课程思政的合理运用，在"立德树人"视域下实现寓德于体的育人目标。

首先，一方面以体育教师、学科所在部门与学校为主体，实现多主体紧密联动，提升课程思政协作的良好局面。通过多主体协同机制的建立，集中教师、部门领导、学校领导进行研讨，设计安排课程观摩、思政沙龙、思政研讨、思政座谈等活动，夯实体育教师课程思政协作基础；另一方面，体育教师应通过参与思政沙龙、思政研讨、思政座谈等，积极分享教学经验、交流工作心得、明晰思政化体育课的特点。汇集体育课程思政的教育合力，提升教师的协作能力。

其次，对体育课程中蕴含的价值引领与育人内涵进行深耕与凝练，课程思政元素贯穿教学全过程，将挖掘出的课程思政资源与行为准则、教授项目、教学结构相融合，使学生在接受体育教育的过程中感悟思政知识。将体育与课程思政融合，对体育课程教学具有导向激励作用，也是体育教师课程教学的行动指南。

最后，以开拓创新为课程思政创新发展驱动力，依托体育课程教学，将课程思政与已有知识技术结合，创新教学模式；在教育改革视角下，根据高校学生的个性化需求，创造出支撑学生体育学习的思政环境；构建线上课程思政资源库，为学生提供体育课程思政的线上学习平台。通过线上对体育资源的自主学习，激发学生提升自身综合素质的责任感。

持续推进体育课程思政的创新，不仅有利于增强传统体育课程的趣味性，也能够激发学生的兴趣，激活学生参与体育课程的积极性，以创新促发展，为体育课程思政发展持续注入活力。体育课程思政的教育目的是一切教学活动的出发点。教师是体育课程思政与学生之间的核心枢纽，是课程思政融入体育教学的重要载体。体育教师通过自身课程思政能力的发挥，使体育课程与思政元素血肉相连、筋骨相通，让学生嗅"思政"味、沐"思政"雨、乘"思政"风、沾"思政"露，作用于学生运动技能学习、人格情操塑造、体育品德锤炼与健康知识习得，充分体现体育课程思政建设的内在要求。

（六）加强师德师风建设

随着教育改革的深入，不难发现师德与师风在教学过程中的重要程度越来越高。师德是教师在教学和培养学生的各项环节中遵守的基本准则和规范，是教师对职业规范的认同，从听、看、想到思维观点经过实践所悟出的具有客观价值的认知体系，是教师的知识涵养、文化学识、为人处世等多方面的体现。师风是教师的行为风尚和思想作风，集中体现在教师的言行举止中，是内在师德的外在表现。

教育改革视角下，师德师风是评价师资队伍的重要标准之一，因此体育教师要爱岗敬业，遵纪守法，遵守学校相关规章制度；以身作则，具有高尚的品德和无私奉献的精神；以德育为先，怀有仁爱之心，成为学生的良师益友。高尚的师德，是学生心灵的明镜，好笋出好竹，好师出好徒，所以教师是引导学风方向、提高人才培养质量的核心。

参 考 文 献

［1］巴班斯基.教学过程最优化：一般教学论方面 [M].张定璋，译.北京：人民教育出版社，1984.

［2］李森.现代教学论 [M].北京：人民教育出版社，2011.

［3］蒋宁.传统与现代交汇下的体育教学改革探索 [M].成都：西南交通大学出版社，2016.

［4］任婷婷.高校体育教学管理改革与模式构建 [M].长春：吉林大学出版社，2017.

［5］马腾，孔凌鹤.现代体育教学改革与信息化发展研究 [M].北京：中国商业出版社，2017.

［6］罗玲，温宇，蓝芬.体育教育教学改革研究 [M].北京：民族出版社，2018.

［7］王云峰，王学成.教学改革视角下体育运动开展的理论与实践指导 [M].北京：中国商务出版社，2018.

［8］陈轩昂.新时期高校体育教学的改革与发展 [M].北京：航空工业出版社，2017.

［9］夏越.现代高校体育教学研究 [M].北京：北京理工大学出版社，2019.

［10］杨景元，董奎，李文兰.体育教学管理与教学现状 [M].长春：吉林人民出版社，2019.

［11］高立群，王卫华，郑松玲.素质教育视域下大学生体育教学改革研究 [M].长春：吉林人民出版社，2019.

［12］卢永雪，刘通，龙正印.体育教学技能训练 [M].成都：电子科技大学出版社，2019.

［13］李洪芳，张迎宾.体育教学改革与发展动态研究 [M].北京：北京工业大学出版社，2020.

［14］王海燕.现代体育教学功能实现与创新应用 [M].北京：中国书籍出版社，2020.

［15］张琦，柴猛.大学体育教学改革与创新 [M].长春：吉林科学技术出版社，2020.

［16］刘景堂.高校体育教学改革研究 [M].北京：中国纺织出版社，2020.

［17］李建春.基于素质教育视角的高校体育教学改革与发展探索 [M].北京：中国书籍出版社，2021.

［18］闫加糶，苏济海，范立.体育教学课程实施模式研究 [M].西安：西北工业大学出版社，2021.

［19］杨艳生.体育教学改革与创新实践研究 [M].长春：吉林人民出版社，2021.

［20］郝乌春，牛亮星，关浩.新时代背景下高校体育教学改革与发展研究 [M].北京：中国商业出版社，2021.

［21］李克东，赵建华.混合学习的原理与应用模式 [J].电化教育研究，2004（7）：1-6.

［22］何克抗.从 Blending Learning 看教育技术理论的新发展（上）[J].电化教育研究，2004（3）：1-6.

［23］陈雁飞，董文梅，毛振明.论体育教学方法的概念和层次 [J].天津体育学院学报，2006（2）：180-182.

［24］张其亮，王爱春.基于"翻转课堂"的新型混合式教学模式研究 [J].现代教育技术，2014，24（4）：27-32.

［25］张良，乐维英.教学方法的理解误区、概念重建及其构建策略：基于知识论的视角 [J].教育发展研究，2014，33（8）：18-22.

［26］钟启泉.教学方法：概念的诠释 [J].教育研究，2017，38（1）：95-105.

［27］权国睿.新形势下大学体育教育改革的对策研究 [J].体育世界（学术版），2018（10）：131-132.

［28］叶平.新时期高校体育教育改革的价值取向与路径选择 [J].才智，2018（26）：28.

［29］冯晓英，王瑞雪，吴怡君.国内外混合式教学研究现状述评：基于混合式教学的分析框架 [J].远程教育杂志，2018，36（3）：13-24.

［30］易群亮.试论高校体育教育改革的影响及策略 [J].当代体育科技，2019，9（15）：12.

［31］吴艳萍.新时代背景下中国高校体育教育改革路径探索 [J].科教导刊，2019（10）：54-55.

［32］赵明楠，史友宽 .MOOC 时代高校体育教育改革的趋势与挑战 [J]. 南京体育学院学报，2019，2（1）：54-58.

［33］王路，徐伟丽，赵海田 . 高校混合式教学模式践行中的问题与对策 [J]. 黑龙江教师发展学院学报，2020，39（8）：40-42.

［34］孙蕊 . 基于新课改背景下大学体育教育改革浅析 [J]. 才智，2020（14）：89.

［35］张锦，杜尚荣 . 混合式教学的内涵、价值诉求及实施路径 [J]. 教学与管理，2020（9）：11-13.

［36］连克杰，王星明，孙绍生 . 论增强体质为导向的学校体育教育改革与实践 [J]. 教育教学论坛，2021（41）：18-21.

［37］朱俊民 . 终身体育视域下的大学体育教育改革 [J]. 内江科技，2021，42（5）：149-150.

［38］何慧敏 . 移动技术支持的大学生英语混合式教学模式研究 [D]. 绵阳：西南科技大学，2020.

［39］HOWARD S B，ROBYN T.Problem-Based Learning： An Approach to Medical Education[M].New York：Springer Press，1980.

［40］DAVID B.Problem-Based Learning in Perspective[M]//Problem-Based Learning in Education for the Profession. Sydney：Higher Education Research and Development Society of Australia，1985.

［41］HOWARD S B，Ann M K. Problem-Based Learning： A Total Approach to Education [M].Illinois：Southern Illinois University Press，1993.

［42］SINGH H，REED C，SOFTWARE C. A White Paper：Achieving Success with Blended Learning[J].Centra Software Retrieved，2001，12（3）：206-207.

［43］MEANS B，TOYAMA Y，MURPHY R F，et al. The Effectiveness of Online and Blended Learning：A Meta-Analysis of the Empirical Literature[J]. Teachers College Record，2013，115（3）：134-162.